CW01636386

TO THE MOST ONE

Poi ce lo passiamo

Baci,

Ali ♥

Nicoletta Travaini, psicologa clinica e psicoterapeuta, specialista in Psicosomatica, esperta in Ipnosi Clinica, Bioenergetica, PNEI e Mindfulness, è inserita nella lista internazionale di terapeuti formati nel lavoro con le Persone Altamente Sensibili. Si occupa di questo tema da vent'anni ed è lei stessa Altamente Sensibile. Lavora nel suo studio a Busto Arsizio e in tutta Italia attraverso corsi dal vivo e online, con l'obiettivo di aiutare sempre più persone a gestire al meglio questa caratteristica per essere felici. Ha pubblicato anche *I disturbi alimentari* (Riza Scienze, 2003), *L'autostima a tutte le età* (Riza Scienze, 2005), *L'anima sottopelle* (Galassia Arte, 2014), *Quaderno di decompressione per persone sensibili* (red!, 2019), *Tutto tanto sempre* (Rizzoli, 2020), *I bambini altamente sensibili cambieranno il mondo* (red!, 2023).

© 2018 red!
www.rededizioni.it

Nona ristampa 2024

Illustrazioni: iStockphoto e thenounproject.com

Stampa: Rotomail Italia SpA

red! è un marchio Il Castello Srl
Via Milano 73/75 – 20007 Cornaredo (MI)
www.ilcastelloeditore.it

Nicoletta Travaini

Il dono delle persone sensibili

red!

Ma cosa sei tu, in sostanza?
Qualcosa che lacrima a volte
e a volte dà luce...

Alda Merini

Fiorire è il fine.
Essere un fiore è grande responsabilità.

Emily Dickinson

Creiamo un linguaggio comune

Ok. Facciamo il *sound check.* Come prima di un concerto: si accordano gli strumenti, si verificano i volumi, *ssa ssa ssa* si prova il microfono. Il tutto per creare un equilibrio tra i suoni, un'armonia fatta dall'integrarsi di strumenti diversi in una sorta di spazio comune. Ecco. Prima di iniziare questo libro vorrei fare con te, lettore altamente sensibile e non, la stessa cosa.
Voglio creare una base comune sui termini che userò nel libro in modo che possiamo condividere un linguaggio coerente e consapevole che ci permetta di capirci. In articoli scientifici, testi specifici, così come in siti web e blog, vengono usate molte espressioni per identificare il tema che ci riguarda:

- Sensibilità
- Alta sensibilità
- Ipersensibilità
- Persone altamente sensibili/PAS
- Persone troppo sensibili
- Tratto di personalità sensibile (*Sensitive Trait of Personality*)
- *Highly Sensitive Person*/HSP
- *Sensitive People*
- Iperefficienti mentali
- Persone con alto potenziale

Ecco. In questo libro volontariamente ne userò alcuni alternativamente, intendendoli come sinonimi, per una scelta di semplicità e per lasciare spazio a contenuti più profondi rispetto all'etichetta linguistica.
Parlare di semplice sensibilità non è esaustivo.
Dire "troppo sensibili" porta subito la mente a chiedersi "troppo" rispetto a quale standard?
L'espressione *Highly Sensitive Person*, coniata dalla dottoressa Aron, è certamente molto adatta e vedremo che anch'essa non nasce dal nulla ma deriva un'altra espressione ("soggetti altamente reattivi"), emersa da diverse ricerche scientifiche. Ma usare troppo frequentemente termini inglesi non mi sembra corretto, perché uno degli intenti del mio lavoro è calare questo tema nella specifica realtà italiana e scrivere "persone altamente sensibili" in ogni frase sarebbe un po' ridondante... D'altra parte, ricorrere sempre agli acronimi HSP o PAS renderebbe il lavoro troppo arido!
So bene, infine, che scegliere di usare "ipersensibili" ci porterebbe a pensare che ci sia un sovra-funzionamento, in contrasto con un ipo-funzionamento, ma per la mia esperienza e ascoltando come si definiscono nel mio studio le persone che questa caratteristica la possiedono, posso dire che in Italia "ipersensibile" potrebbe essere il termine che più si avvicina, al momento, al nucleo di caratteristiche di cui stiamo parlando.
In definitiva, direi, caro lettore, che accordarci per l'uso alternato e libero di questi termini è la migliore soluzione, pur sapendo che dentro ciascuno ci sono una ricchezza e una complessità tali da costituire proprio ciò di cui andremo a parlare.

Allo stesso modo cerchiamo di capirci su come chiameremo le persone che questo tratto della personalità non lo possiedono.
Di nuovo, usare l'espressione "persone non altamente sensibili" non mi sembra agevole e nemmeno mi sembra realistico parlare di "soggetti assolutamente non sensibili".
Standando alle statistiche, anche se i dati cambiano seguendo diverse

variabili, una persona su cinque è "altamente sensibile", tre sono "normosensibili" e si distribuiscono lungo una scala di continuità, e uno su cinque sarebbe "non sensibile", manifesterebbe cioè una qualche forma di difficoltà nell'affettività e nella competenza empatica, un deficit, appunto, nella sensibilità.
Per intenderci, qui userò generalmente il termine "normosensibili", pur non felicissimo, per parlare di tutti coloro che non hanno un tratto di alta sensibilità.

Dopo quindici anni di attività come psicologa e psicoterapeuta e dopo quarant'anni da persona altamente sensibile a mia volta, sono pienamente consapevole delle sottili sfumature presenti in queste diverse espressioni. Ma la mia scelta è stata provare a condividere la mia esperienza clinica e professionale e non è mio interesse qui discutere oltre di come dobbiamo chiamarci, quanto del perché sentiamo quello che sentiamo e di che cosa possiamo fare per essere pienamente felici con la nostra sensibilità in un mondo, come quello di oggi, che tanto sensibile non è.
Diversi libri sugli adulti altamente sensibili sono stati scritti negli ultimi anni, ma nessuno nasceva dall'esperienza italiana. Sono grata a tutti gli autori e ai loro contributi. Ora sappiamo che cosa è l'alta sensibilità e sappiamo come riconoscerci.
È tempo di abbandonare la posizione passiva e rassegnata che abbiamo avuto riguardo all'essere PAS.
È tempo di assumercene la piena responsabilità, gli oneri ma anche i tanti onori.
Essere altamente sensibili è un dono: un dono per noi stessi, che abbiamo caratteristiche fuori dal comune; un dono per le persone intorno a noi e per gli ambienti che frequentiamo, perché siamo portatori di punti di vista, intuizioni, capacità cognitive ed emotive che fanno bene anche agli altri. E questo vale sia a livello relazionale, in famiglia, nella coppia con gli amici, sia a un livello sociale più ampio, nel lavoro, nella comunità, nelle organizzazioni.

Certo, è un dono che abbiamo ricevuto senza chiederlo e dobbiamo imparare a conoscerlo e ad amministrarlo per bene, come avviene per ogni tesoro prezioso.
Non ha senso chiedere agli altri di rispettare la nostra sensibilità se noi per primi ne mettiamo in dubbio il valore. È tempo di imparare davvero come valorizzare questa caratteristica nella nostra vita. E per far questo, dobbiamo lavorare su noi stessi.
Questo testo vuole essere un primo passo, un supporto, un manuale pratico, un workbook, con esercizi da usare quotidianamente. Per smettere di pensare a noi stessi come sensibili ma "svantaggiati" per questo, e invece imparare a essere sensibili e felici.

A chi si rivolge questo libro

Ho pensato questo libro per far conoscere il tema dell'ipersensibilià al grande pubblico e perché mancava un testo nato dalla sola esperienza italiana su questo argomento.
L'obiettivo che mi piacerebbe raggiungere è non solo aiutare sempre più persone a riconoscersi altamente sensibili, ma soprattutto fornire spunti e strumenti per imparare a gestire questa preziosa e complessa qualità e vivere pienamente e felici.
Mi rivolgo quindi a chi già sa di essere HSP o ha la netta sensazione di avere questa caratteristica, ma anche a chi sente di avere semplicemente una sensibilità maggiore della media o cerca risposte del suo sentirsi sempre diverso dagli altri.
Ma questo è anche un testo per le non-HSP che hanno voglia di conoscere e capire questo mondo.
Se vuoi svolgere il test di autovalutazione e scoprire se sei una PAS, puoi trovarne una parte in italiano sul sito www.ipersensibili.com nella sezione "Test", ma ricorda che il questionario ha uno scopo conoscitivo e da solo non sostituisce la valutazione e il sostegno di un esperto.
E ora... buona lettura!

Per cominciare... ecco la mia storia

Ci sono due pregiudizi dentro la parola sensibile, che ne distorcono il significato e che per me sono legati alle ferite più difficili da gestire come PAS:

- Se sei sensibile, sei debole.
- Se sei sensibile, sei strano.

Spesso da bambina mi sentivo vulnerabile, ero cagionevole di salute o facilmente sopraffatta dall'iper-stimolazione e mi stancavo prima degli altri bambini; vivevo ogni emozione visceralmente, rifuggivo i giochi violenti, gli sport competitivi, le compagnie numerose, le attività rischiose; preferivo stare a giocare per conto mio o con una sola amica del cuore oppure leggere o disegnare.
Contemporaneamente però, dentro, mi sentivo fortissima e piena di energie: già dalla scuola materna mi attribuivano negli spettacoli le parti principali, quelle più complesse e a me piaceva tantissimo mettermi in gioco; ero piena d'iniziativa con le amichette a cui volevo bene, propositiva e protettiva, e nelle feste in famiglia ero spesso la bimba canterina, o in piedi sul tavolo a recitare poesie o fare giochi con il mio "zio Pep" (PAS anche lui senza saperlo), che coinvolgevano tutti gli adulti.
Rimanevo per ore le sere d'estate, alle elementari quando ero in vacanza, a godere del momento del crepuscolo: ricordo ancora che mi sedevo sui gradini in giardino mentre i miei genitori sparec-

chiavano e sentivo una gioia profonda nella pancia, un senso di connessione con Tutto. Mi perdevo nel verso delle rondini e a seguire il loro volo tra i tetti, la luce che cambiava da dorata a rosa a viola, i rumori dalle case vicine, l'odore della terra dopo il calore del giorno, le prime stelle che pulsavano nel blu del cielo serale.
Avevo un gran bisogno di vicinanza fisica e di contatto, ma se mi sentivo a mio agio diventavo la capobanda.
Già da piccola avevo un linguaggio emotivo molto preciso e facevo domande sul senso profondo delle cose. La domenica sera spesso dicevo alla mamma "Sono triste", quando la mia sensibilità anticipava il lunedì mattina con i ritmi del dovere e il distacco dall'intimità della famiglia. Oppure esplicitavo emozioni latenti nei posti in cui andavamo, tipo "Quella signora era arrabbiata con te... come mai?".
Ho spesso letto negli sguardi degli adulti intorno a me un misto di stupore, dubbio e timore e leggevo loro in faccia qualcosa tipo "Ma questa da dove viene?" oppure "E adesso cosa le dico?".
Diverse volte quindi la strada più breve per loro era la semplificazione, la negazione o la proiezione:

- Andare a scuola e al lavoro è normale;
- No, non devi essere triste;
- Te lo sei inventato, l'hai visto solo tu, è una tua idea.

Così, per molti anni, la sensazione di essere più fragile degli altri, strana e in qualche modo "troppo difficile da gestire" ha convissuto dentro di me con la netta sensazione di vederci chiaro, di avere una capacità di percezione acuta e di avere un sacco di cose da esprimere e da dare. Con il risultato di una grande lotta interna.
In questo modo, ho sviluppato due parti: una, adattata, che per essere accettata e non giudicata si è sforzata di essere forte, efficiente, capace e, purtroppo, si è indurita; e un'altra parte tenera e sensibile, dolcissima, sottopelle. Un po' come il granchio, che forse non a caso è il simbolo del mio segno zodiacale, morbidissimo all'interno e con la corazza e le chele fuori.
Ancora oggi che sono adulta, molte persone confondono la

buccia con la polpa: ed è difficile come PAS non dispiacermene. Perché ho lavorato molto su me stessa per creare armonia tra il dentro e il fuori e tra tutte le qualità a volte contraddittorie che mi caratterizzano come persona sensibile.

Il manifesto delle persone altamente sensibili ©

Sì, io sono sensibile. E sono anche forte.
Sono introspettivo. Ed estroverso.
Amo la solitudine. E sono espansivo.
Sono fragile. E intenso.
Mi sento umile. E so quanto valgo.
Sono riservato. E a volte esplosivo.
Sono delicato. E determinato.
Mi ferisco facilmente e cado. E ho una grande resilienza
per rialzarmi ogni volta.

Sono pervaso da un'idea romantica della vita che non sempre mi facilita l'incontro con la realtà.
Mi indigna profondamente l'ingiustizia e divento un leone quando sento invasi i diritti miei, di chi amo o degli esseri umani in generale.
A volte sento male fisico quando un'emozione è forte, bella o brutta che sia.
Se assisto al successo di qualcuno mi commuovo di gioia ed empatia; ma anche se assisto al dolore di qualcuno, non posso evitare di piangere.
Sento tutto, sento sempre.
Tengo moltissimo al significato delle parole perché le parole sono semi per il nostro cervello, che generano pensieri buoni come frutti maturi o cattivi come la gramigna.
Tutti questi aspetti a volte rendono più complicata la mia vita e anche le mie relazioni, ma le rendono anche dense di una ricchezza impareggiabile: dobbiamo saperlo noi e devono saperlo le persone che scelgono di averci nel loro mondo.

(Nicoletta Travaini)

Tenere insieme la complessità delle persone altamente sensibili non è semplice per chi non lo è. E a volte nemmeno per noi.
Al liceo e all'università nessuno mi parlò mai di alta sensibilità e in nessun testo trovavo spiegazioni. E io andavo a tentoni, facendomi male spesso e volentieri, non comprendendo l'origine delle mie reazioni. Sapevo solo con certezza che con alcune, poche persone e in certi ambienti, mi aprivo come un fiore al sole e veniva fuori tutto il mio mondo così ricco; con altre persone, la maggior parte, e in molti ambienti, sparivo, mi isolavo mentalmente o addirittura veniva fuori una piccola parte di me e a volte la peggiore.

È stato durante la mia specializzazione in psicoterapia, intorno ai 26 anni, quando seguii un seminario allo Jung Institute di Zurigo, che qualcosa cambiò. Riuscimmo con i miei colleghi, per un fortunato insieme di sincronicità, a visitare la casa privata di Jung, sul lago di Bollingen. E lì, guardando il luogo incantevole che lui scelse, immerso nella natura più incontaminata, quell'abitazione che costruì da solo con le proprie mani in molti anni, lì, tra i suoi dipinti, i suoi scritti e le sculture, ho intuito che anche lui probabilmente era una PAS. E così cominciai a studiare per conto mio i suoi scritti sulla sensibilità e le ricerche in merito fino ad arrivare, anni dopo, agli studi della Aron.
Poi a 30 anni ho dovuto affrontare una grave malattia, improvvisa, inaspettata e crudele. Ed è stato proprio lì, durante quel momento così difficile della mia vita, che ho avuto la conferma forte e chiara che la mia sensibilità era – ed è – una forza portentosa, tutt'altro che una debolezza.

Quando le PAS lavorano con me e riconoscono il proprio tratto, all'inizio, tutte mi raccontano quella sensazione di sentirsi finalmente viste, riconosciute, e parlano di una rinnovata speranza e fiducia di poter trovare un equilibrio nel mondo. Ed è quello che ho sentito anche io all'inizio quando mi sono riconosciuta in questo tratto.
Certo, mi succede ancora, qualche volta, di sentirmi incompresa, ferita da qualcosa che per altri è un'inezia, o sopraffatta dalle si-

tuazioni. Ma accade sempre più raramente perché ho imparato a gestire meglio e valorizzare la sensibilità. E ho imparato che sentirmi vulnerabile mi rende solo più umana, profondamente umana, e che accadono cose molto speciali quando sono in questo stato, come sentirmi in pace, in connessione con gli altri esseri umani. Direi che grazie alla sensibilità ho imparato ad amare me stessa completamente.
Ho fatto della ipersensibilità una delle mie specializzazioni perché vorrei aiutare le persone a vivere con naturalezza questa caratteristica, a sentire quel senso di appartenenza e di "normalità" che per lungo tempo io non ho sentito.

Da qui nasce questo libro, dopo anni di pratica e di studio sull'alta sensibilità. Devo essere sincera: da vera PAS, avrei continuato tranquillamente il mio lavoro con le HSP e i miei corsi, come faccio ormai da anni, senza espormi così tanto. Ma le persone care intorno a me, amici, pazienti, PAS e non PAS mi hanno spinto a farlo.
Durante la stesura del libro spesso sono stata preda dell'iperattivazione mentale: dopo aver scritto per ore sentivo la testa che girava su se stessa letteralmente, mi fermavo, ma stavo per qualche ora come in una bolla. Allora facevo sport, passeggiavo con il mio cane, stavo con i miei cari, cucinavo, per tornare a radicarmi nell'esperienza di essere intera, mente e corpo insieme e lasciare il tempo all'energia di tornare equilibrata. Qualche volta la creatività mi ha svegliato nel cuore della notte: lucida e pimpante come un grillo, mentre il mondo riposava non potevo riprendere sonno se prima non mi alzavo a buttare giù dei brevi appunti.
Per me è un onore e un privilegio poter condividere le mie competenze su questo tema e ciò che ho studiato, sperimentato, scoperto e verificato in tutti questi anni di pratica su me stessa come ipersensibile e con le PAS che vengono in studio da me.
Mi auguro davvero che questo lavoro possa essere di utilità e sostegno a molti.

Con amore.

È ora che tu
lo sappia:
non sei strano,
sei speciale

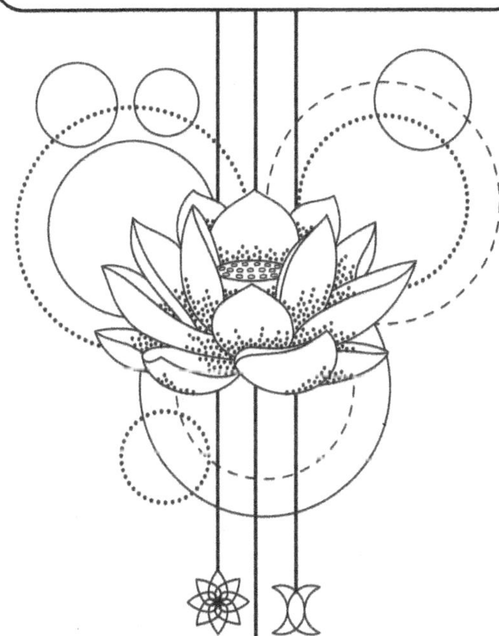

Colora il tuo fiore sensibile

Ri-conoscersi per conoscersi

Mettiamoci comodi e gustiamoci una favola, come quando eravamo bambini.

> L'estate era iniziata; i campi agitavano le loro spighe dorate, mentre il fieno tagliato profumava la campagna.
> In un luogo appartato, nascosta da fitti cespugli vicini a un laghetto, mamma anatra aveva iniziato la nuova cova [...].
> Finalmente, uno dopo l'altro, i gusci scricchiolarono e lasciarono uscire alcuni adorabili anatroccoli gialli.
> – Pip! Pip! Pip! Esclamarono i nuovi nati, il mondo è grande ed è bello vivere!
> [...] Mentre si avvicinava, notò che l'uovo più grande non si era ancora schiuso e se ne meravigliò. Si mise allora a covarlo nuovamente con aria contrariata.
> – Buongiorno! Come va? – Le domandò una vecchia anatra un po' curiosa che era venuta in quel momento a farle visita.
> – Il guscio di questo grosso uovo non vuole aprirsi, guarda invece gli altri piccoli, non trovi che siano meravigliosi?
> – Mostrami un po' quest'uovo. – Disse la vecchia anatra per tutta risposta. - Ah! Caspita! Si direbbe un uovo di tacchina! Ho avuto anche io, tempo fa, questa sorpresa: quello che avevo scambiato per un anatroccolo era in realtà un tacchino e per questo non voleva mai entrare in acqua. Quest'uovo è certamente un uovo di tacchino. Abbandonalo ed insegna piuttosto a nuotare agli altri anatroccoli!
> – Oh! Un giorno di più che vuoi che mi importi! Posso ancora covare per un po'. – Rispose l'anatra ben decisa.
> – Tu sei la più testarda che io conosca! – Borbottò allora la vecchia anatra allontanandosi.

Finalmente il grosso uovo si aprì e lasciò uscire un grande anatroccolo brutto e tutto grigio.
– Sarà un tacchino! – Si preoccupò l'anatra. – Bah! Lo saprò domani!
Il giorno seguente, infatti, l'anatra portò la sua piccola famiglia a un vicino ruscello e saltò nell'acqua: gli anatroccoli la seguirono tutti, compreso quello brutto e grigio.
– Mi sento già più sollevata, – sospirò l'anatra, – almeno non è un tacchino! Ora, venite piccini, vi presenterò ai vostri cugini.
La piccola comitiva camminò faticosamente fino al laghetto e gli anatroccoli salutarono le altre anatre.
– Oh! Guardate, i nuovi venuti! Come se non fossimo già numerosi!... e questo anatroccolo grigio non lo vogliamo! – Disse una grossa anatra, morsicando il poverino sul collo.
– Non fategli male! – Gridò la mamma anatra furiosa.
– È così grande e brutto che viene voglia di maltrattarlo! – Aggiunse la grossa anatra con tono beffardo.
– È un vero peccato che sia così sgraziato, gli altri sono tutti adorabili, – rincarò la vecchia anatra che era andata a vedere la covata.
– Non sarà bello adesso, può darsi però che, crescendo, cambi; e poi ha un buon carattere e nuota meglio dei suoi fratelli, – assicurò mamma anatra. – La bellezza, per un maschio, non ha importanza, – concluse, e lo accarezzò con il becco – andate, piccoli miei, divertitevi e nuotate bene!
Tuttavia, l'anatroccolo, da quel giorno fu schernito da tutti gli animali del cortile: le galline e le anatre lo urtavano, mentre il tacchino, gonfiando le sue piume, lo impauriva. Nei giorni che seguirono, le cose si aggravarono: il fattore lo prese a calci e i suoi fratelli non perdevano occasione per deriderlo e maltrattarlo.
Il piccolo anatroccolo era molto infelice. Un giorno, stanco della situazione, scappò da sotto la siepe. Gli uccelli, vedendolo, si rifugiarono nei cespugli. "Sono così brutto che faccio paura!", pensò l'anatroccolo. Continuò il suo cammino e si rifugiò, esausto, in una palude abitata da anatre selvatiche che accettarono di lasciargli un posticino fra le canne. Verso sera arrivarono due oche selvatiche, che maltrattarono il povero anatroccolo già così sfortunato.Improvvisamente, risuonarono alcuni spari... le due oche caddero morte nell'acqua! I cacciatori, posti intorno alla palude, continuarono a sparare. Poi i lori cani solcarono i giunchi e le canne. Al calar della notte, il rumore cessò. Il brutto anatroccolo ne approfittò per scappare il più velocemente possibile. Attraversò campi e prati, mentre

infuriava una violenta tempesta. Dopo qualche ora di marcia, arrivò ad una catapecchia la cui porta era socchiusa. L'anatroccolo si infilò dentro: era la dimora di una vecchia donna che viveva con un gatto e una gallina. Alla vista dell'anatroccolo, il micio cominciò a miagolare e la gallina cominciò a chiocciare, tanto che la vecchietta, che aveva la vista scarsa, esclamò:

– Oh, una magnifica anatra! Che bellezza, avrò anche le uova... purché non sia un'anatra maschio! Beh, lo vedremo, aspettiamo un po'!

La vecchia attese tre lunghe settimane... ma le uova non arrivarono e cominciò a domandarsi se fosse davvero un'anatra! Un giorno, il micio e la gallina, che dettavano legge nella stamberga, interrogarono l'anatroccolo:

– Sai deporre le uova? – domandò la gallina;

– No... – rispose l'anatroccolo un po' stupito.

– Sai fare la ruota? – domandò il gatto;

– No, non ho mai imparato a farla! – rispose l'anatroccolo sempre più meravigliato.

– Allora vai a sederti in un angolo e non muoverti più! – gli intimarono i due animali con cattiveria.

Improvvisamente, un raggio di sole e un alito di brezza entrarono dalla porta. L'anatroccolo ebbe subito una grande voglia di nuotare e scappò lontano da quegli animali stupiti e cattivi.

L'autunno era alle porte, le foglie diventarono rosse poi caddero. Una sera, l'anatroccolo vide alcuni bellissimi uccelli bianchi dal lungo collo che volavano verso i paesi caldi. Li guardò a lungo girando come una trottola nell'acqua del ruscello per vederli meglio: erano cigni! Come li invidiava!

L'inverno arrivò freddo e pungente; l'anatroccolo faceva ogni giorno un po' di esercizi nel ruscello per riscaldarsi. Una sera dovette agitare molto forte le sue piccole zampe perché l'acqua intorno a lui non gelasse: ma il ghiaccio lo accerchiava di minuto in minuto... finché, esausto e ghiacciato, svenne.

Il giorno seguente, un contadino lo trovò quasi senza vita; ruppe il ghiaccio che lo circondava e lo portò ai suoi ragazzi che lo circondarono per giocare con lui. Ahimè, il poveretto ebbe una gran paura e si gettò prima dentro un bidone di latte e poi in una cassa della farina. Finalmente riuscì a uscire e prese il volo, inseguito dalla moglie del contadino.

Ancora una volta il brutto anatroccolo scappò ben lontano per rifugiarsi, esausto, in un buco nella neve. L'inverno fu lungo e le sue sofferenze molto grandi... ma un giorno le allodole cominciarono a cantare e il sole riscaldò la terra: la primavera era finalmente arrivata!

L'anatroccolo si accorse che le sue ali battevano con molto più vigore e che erano anche molto robuste per trasportarlo sempre più lontano. Partì dunque per cercare nuovi luoghi e si posò in un prato fiorito. Un salice maestoso bagnava i suoi rami nell'acqua di uno stagno dove tre cigni facevano evoluzioni graziose.

Conosceva bene quei meravigliosi uccelli! L'anatroccolo si lanciò disperato verso di loro gridando:

– Ammazzatemi, non sono degno di voi!

Improvvisamente si accorse del suo riflesso sull'acqua: che sorpresa! Che felicità! Non osava crederci: non era più un anatroccolo grigio... era diventato un cigno: come loro!

I tre cigni si avvicinarono e lo accarezzarono con il becco dandogli così il benvenuto, mentre alcuni ragazzi attorno allo stagno declamavano a gran voce la sua bellezza e la sua eleganza.

Mise la testa sotto le ali, quasi vergognoso di tanti complimenti e tanta fortuna: lui che era stato per tanto tempo un brutto anatroccolo era finalmente felice e ammirato.

Il brutto Anatroccolo, Hans Christian Andersen*

Questa favola mi pare una buona metafora per il percorso che molti ipersensibili fanno per arrivare a riconoscersi come tali. Senza vittimismi inutili, questa storia ricalca molti dei passaggi che dobbiamo attraversare, se non abbiamo la fortuna di essere accolti nei primi anni di vita da un ambiente attento e sensibile anch'esso.

Essere diversi. Questo è il primo punto. Ma diversi da cosa? Diversi da chi? Ci sottoponiamo a un confronto sulla base di criteri stabiliti in quale modo? Nella storia si legge bene che è la maggioranza a fare la norma: e questo è stato l'errore in cui molti di noi hanno creduto. Forzarci a essere come gli altri solo perché gli

* *Testo tratto da letturegiovani.it*

altri sono più numerosi. È chiaro che da bambini non abbiamo gli strumenti per auto-riconoscerci: sono gli adulti che si prendono cura di noi che devono fornirci una chiave di lettura per leggere noi stessi e darci le parole e gli strumenti per capire il mondo. Ricordiamoci che siamo circa il 20% della popolazione, cioè siamo una "eccezione". Ecco, se proprio vogliamo sentirci strani... sentiamoci eccezionali!

> *È bello sapere finalmente che sono normale...*

Essere invisibili. Il piccolo anatroccolo non viene visto per quello che è, perché viene guardato solo per quello che non è. Questo è il dramma di essere invisibile: se non sei come mi aspetto, non ti vedo; o ti adegui, diventando visibile ai miei occhi oppure non esisti. È una sensazione familiare, vero?

Costruire il falso sé. Essendo fortemente sociali, noi esseri umani abbiamo un bisogno vitale di essere accolti, di appartenere a un gruppo così da costruire pian piano la nostra identità. Ma per l'anatroccolo è difficile: è troppo qualcosa, oppure è poco qualcos'altro, non è abbastanza questo, non è sufficientemente quest'altro. L'unica scelta che gli rimane è essere chi non è, essere come gli altri lo vogliono.
Qui comincia la costruzione del falso sé, una maschera che ci mettiamo per poter essere accettati e amati, perché abbiamo bisogno del riconoscimento per crescere. Ma i costi di questo processo sono altissimi. Innanzi tutto, investiamo e sprechiamo una quantità enorme di energia per tenere addosso questa maschera, per costruirla senza falle e per controllare che tutto vada bene e ci resta quindi poca energia, vitale e psichica, per la cura di noi stessi. L'altro problema è che questa maschera ci si attacca alla pelle fino a entrarci dentro, nell'identità profonda, tanto che cominciamo a crederci anche noi e a dimenticarci chi siamo veramente. Così, il percorso per tornare a casa poi diventa sempre più difficile.

Mi sono sempre sforzato di essere come gli altri e ora capisco che ho buttato via un sacco di tempo perché io non sono come gli altri.

Vagabondare. Come l'anatroccolo, anche noi vagabondiamo in lungo e in largo alla ricerca di qualcuno che ci dica finalmente chi siamo e ci faccia sentire in pace. Sarò introverso? Sarò stato un bambino prematuro? Forse ho un problema fisico che giustifica tutto questo? Faccio questo ritiro sull'Himalaya che mi aiuterà a scoprire il mio vero sé. Ho deciso di entrare a far parte di questo o quest'altro gruppo. E così via. A un certo punto, stremati, ci basta un'etichetta, una qualsiasi pur di poter essere parte di qualche cosa, anche un'etichetta patologica: sono depresso, soffro di ansia, sono nevrotico…

Il bisogno di appartenenza, sulla scala dei bisogni primari di Maslow (vedi figura sotto), è già al terzo posto, appena dopo i bisogni primari (mangiare, bere, dormire…) e quelli di sicurezza (sapere che non sono in pericolo di vita, avere un tetto sopra la testa…) e prima del bisogno di stima e realizzazione personale. Significa che se non so chi sono e da dove vengo, difficilmente potrò andare da qualche parte e costruire la mia felicità.

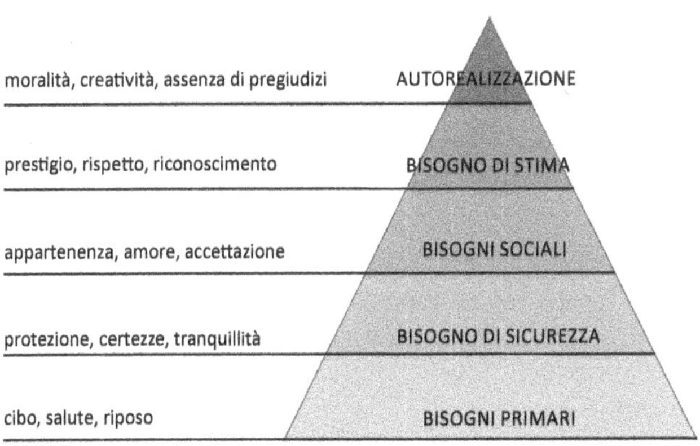

La depressione e l'isolamento. Queste sono le dirette conseguenze. L'anatroccolo convinto di essere terribilmente brutto e inadeguato comincia nascondersi, a fuggire, a vivere scappando dallo sguardo altrui, a prediligere la solitudine. È l'inverno interiore, il letargo dell'anima, che l'anatroccolo – e ciascuno di noi - deve affrontare, da solo, lasciando al tempo il potere di far evolvere le cose. E infatti è proprio da questo isolamento che nasce una nuova forza: le ali si fanno grandi e possenti e in primavera l'anatroccolo sente di potercela fare.

L'istinto spinge. Così come nell'anatroccolo, anche in noi c'è un istinto che grida la nostra verità e che ci spinge, ancora e ancora, ad andare, a provare, a cercare casa altrove. Non dobbiamo dimenticarci di questa parte istintuale, propriamente animale, dentro di noi e dobbiamo fare affidamento su di essa quando tutto ci sembra senza via d'uscita.

> *Anche se non capivo cosa c'era di diverso dentro di me, sentivo profondamente che non ero pazza, anche se a volte il mondo tentava di farmelo credere.*

Trovare la propria famiglia di anime. Così come il cigno si riconosce specchiandosi nell'acqua, noi ipersensibili abbiamo bisogno di riconoscerci e di riconoscere i nostri simili. Questo permette finalmente di iniziare il processo di ristrutturazione della nostra identità e allo stesso tempo ci permette di ripensare in un'ottica differente tutte le esperienze. Ritrovarsi permette di scegliere da adulti le persone con cui si vuole stabilire intimità, costruendo una seconda famiglia, oltre a quella di sangue, anche di anime.

> *Quanto sollievo nello scoprire che non siamo soli e quanto ci rasserena sapere di non essere "alieni" quando sentiamo nella pancia e sulla pelle qualcosa che altri non sfiorano nemmeno...*

Sentirsi a casa. Riconoscersi altamente sensibili, ci permette non solo di trovare la nostra vera casa, ma soprattutto di sentirci a casa in ogni ambiente, perché la consapevolezza di come siamo crea col tempo una solidità interiore che ci sostiene in tutte le situazioni e ci fa capire se e quanto possiamo essere noi stessi e quando è meglio proteggerci.

> *Ho passato tutta la mia vita a sentirmi diversa e solo adesso scopro che siamo in tanti...*

Felici e interi. L'ultima frase della favola è interessante, ma potrebbe essere fraintesa. La felicità non è essere ammirati, ma poter essere finalmente visti per ciò che siamo e quindi essere interi. È questo che ci rende felici. Essere apprezzati, valorizzati per noi significa poter essere veri. Certo, molti di noi restano per gran parte della vita con una fame di sostegno e apprezzamento – quello che non abbiamo ricevuto da bambini – ma ora, da adulti, dobbiamo essere consapevoli che abbiamo tutti gli strumenti, le potenzialità e la libertà di nutrirci come ci fa bene, di darci valore e amore senza dover dipendere da altri, come naturalmente accadeva nell'infanzia.

Sensibilità: perché in Italia se ne parla così poco?

Come mai il tema della sensibilità in Italia è così poco conosciuto? Gli studi più numerosi sono stati svolti negli USA, poi nei paesi nordici e in Germania. In Francia si fa molta ricerca sul tema dell'iperefficienza mentale, cui l'ipersensibilità è correlata. Ma in Italia come mai tutto tace?
L'opinione che mi sono fatta è che l'ipersensibilità diventa significativa come tratto specifico da osservare, comprendere ed etichettare a seconda del contesto socio-culturale in cui la osserviamo. Negli Stati Uniti, dove si fa molto leva sulla performance, la competitività, il raggiungimento del successo, l'immagine sociale, l'estroversione e l'individualismo, va da sé che chi non possiede queste caratteristiche si sente diverso. Non mi ha stupito quindi che in America abbia avuto tanta risonanza il lavoro della dotto-

ressa Aron, poiché ha giustamente dato voce e riconoscimento a molte persone che, in minoranza in un contesto tanto pressante, si sentivano ai margini, incomprese e inadeguate.

In Europa, e in particolare in Italia, la situazione è un po' differente. Noi amiamo definirci "mediterranei", intendendo con ciò che siamo caldi, passionali, emotivi e romantici. C'è una fama che ci precede in tutto il mondo e che affascina un po' tutti: siamo artisti, creativi, amiamo il bello, la buona tavola, siamo cantori, poeti. Poco avvezzi alle cose pratiche e più inclini ad aspetti astratti e immateriali della vita.

In questo grande calderone di luoghi comuni, temo sia finita suo malgrado anche la sensibilità.

Questi modi di dire per definizione sono riduttivi, vogliono semplificare la complessità della realtà e rischiano di generalizzare qualche cosa che invece fa parte delle differenze individuali.

È forse a causa di questi modi di pensare che il tema dell'ipersensibilità non è stato ancora approfondito seriamente qui come in altre realtà?

Potrebbe essere per questo imprinting a crederci un popolo generalmente emotivo che in Italia si parla ancora così poco scientificamente di alta sensibilità?

Quanti di noi hanno sentito la frase "Il mio difetto è che sono troppo sensibile" pronunciata da persone che non hanno alcun tratto di ipersensibilità? È un po' come quando sento dire da qualcuno "Va beh, siamo tutti un po' psicologi". La cosa mi fa sorridere, ma al contempo mi fa riflettere. Il fatto che tutti noi siamo esseri umani con certe caratteristiche di base non significa che le possediamo tutti con le stesse sfumature. Non siamo tutti sensibili allo stesso modo. È un dato di fatto che la nostra cultura italiana non disdegna l'espressione delle emozioni, la manifestazione pubblica degli stati d'animo, piangere non è riprovevole nemmeno per gli uomini al giorno d'oggi: ma non confondiamo la ricchezza del mondo interiore, il romanticismo e una buona intelligenza emotiva con l'ipersensibilità.

Forse proprio l'essere nati in Italia è stato per noi ipersensibili sia un vantaggio che uno svantaggio: un vantaggio perché non abbiamo dovuto impattare con un contesto estremamente duro, pressante o fortemente castrante; ma anche uno svantaggio poiché molti di noi sono venuti a conoscenza di questa caratteristica, sana e naturale, solo in età adulta, probabilmente dopo aver attraversato molte esperienze negative, dopo essersi convinti di avere qualcosa che non va, dopo anni di incomprensione con un ambiente che minimizzava o generalizzava, o peggio dopo essere stati incastrati dentro etichette e diagnosi psicologiche debilitanti e scorrette.

Tutto-Tanto-Sempre: il motto degli ipersensibili

"Tutto, tanto, sempre..." è una frase che a mio parere rappresenta bene il modo di funzionare delle persone altamente sensibili.

Tutto

Sentiamo ogni cosa, elaboriamo tutti i dettagli, consideriamo diverse alternative, proviamo tanti stati d'animo contemporaneamente, siamo in contatto con noi stessi e simultaneamente empatizziamo con le altre persone, notiamo ciò che è esplicito e ciò che è implicito, elaboriamo le parole e il linguaggio non verbale.

Tanto

Ogni stimolo viene percepito alla massima potenza. Un odore, un suono o un'emozione, piacevole o spiacevole che sia, per noi è un mare di sfaccettature di una ricchezza e complessità difficile da spiegare.

Sempre

Siamo continuamente accesi, a mille, finché non ci spegniamo per riposare (ma anche di notte il nostro mondo interno lavora) o perché sfiniti andiamo in crollo. Elaine e Arthur Aron nelle loro ricerche hanno descritto questi aspetti con la sigla DOES, che sono le iniziali di:

- *Depth of processing*: processamento/elaborazione più approfonditi delle informazioni;
- *Overarousability*: maggiore tendenza alla sovrastimolazione e al sovraccarico;
- *Emotional Intensity, Empathy*: maggiore risposta emotiva alle situazioni ed empatia;
- *Sensitivity to subtle stimuli*: capacità di percepire i dettagli più sottili e impliciti dell'ambiente e delle relazioni.

Modulare questo modo di funzionare, per trarne tutti i vantaggi e smussarne gli svantaggi, è una delle chiavi del benessere altamente sensibile di cui tratta questo libro.

Un mondo "energivoro"

Ringrazio un mio paziente HSP che in una seduta ha usato questa espressione. "Energivoro" è un termine che prendiamo a prestito dalla fisica e che significa "che consuma grande quantità di energia, che risucchia energia".

Noi ipersensibili viviamo spesso la sensazione di essere in un ambiente energivoro, che ci richiede una quota eccessiva di energia psichica e a volte anche fisica per affrontare le cose. Il contrario di energivoro è **energizzante:** il primo toglie energia, il secondo dà carica ed energia. **Spesso per noi il ciclo si ripete** e il limite tra una fase e l'altra è sfuggente: anche una situazione che inizialmente ci dà gioia e carica, se non gestiamo bene i nostri confini, può facilmente diventare risucchiante e farci sentire scarichi e deprivati di energia appunto. Può accadere con l'attività lavorativa, i figli, gli amici, lo sport: qualunque cosa può farci sentire "vampirizzati" e sopraffatti. E allora è facile che passiamo dal sentirci pienamente vivi e appagati al sentire che è troppo. Anche i "normosensibili" sono sopraffatti da impegni e stress, ma la differenza e che noi ipersensibili abbiamo una **soglia di tilt più bassa, andiamo in crollo quando superiamo il limite e ci mettiamo più tempo a recuperare forze e integrità fisica e psichica.**

"È troppo": le parole chiave delle PAS

- Sei troppo sensibile!
- Sei troppo emotivo!
- Sei troppo timido!
- Te la prendi troppo!

Sei troppo... Aggiungiamo pure qualche altro aggettivo e ne uscirà una delle frasi che ci siamo sentiti rivolgere decine e decine di volte.
Per quanto ci abbia fatto, e ci faccia ancora a volte, soffrire sentirci etichettare con questa parola, noi stessi la usiamo spesso e inconsapevolmente.

- C'è troppa gente.
- C'è troppo rumore qui.
- Mi è successo troppe volte.
- È troppo bello per essere vero.
- Sono troppo stanco.
- Ci sono rimasto troppo male.

Facciamoci caso nel nostro vocabolario quotidiano: quante volte la usiamo? In quali occasioni?
Troppo significa che abbiamo superato un limite. Di solito, il nostro. Il limite di tolleranza per un certo stimolo, il limite della nostra attenzione, il limite della nostra stanchezza.
Quando diciamo troppo significa che non ci siamo ascoltati, che abbiamo ignorato i segnali che il corpo ci ha inviato per tempo per avvisarci che stavamo esaurendo le nostre risorse per quel giorno o per quella specifica situazione.

Può essere troppo il nostro contatto sociale, il lavoro da svolgere o le esperienze in cui ci coinvolgiamo: cosicché arriviamo alla fine della giornata esausti, di cattivo umore, tristi senza motivo, anche se tutto è andato per il verso giusto. Questo accade perché siamo andati oltre il nostro limite di ipersensibilità, non ci siamo protetti, non ci siamo risparmiati o non abbiamo previsto sufficienti momenti di decompressione e ricarica.

> *Alla fine di certe giornate intense, ho imparato che se mi permetto di piangere, così senza motivo, mi sento molto meglio. Prima, quando non sapevo di essere ipersensibile ci stavo malissimo: arrivavo a casa la sera e per un niente mi sentivo le lacrime gocciolare giù dagli occhi, proprio come se ci fosse un serbatoio pieno che dovesse svuotarsi. Mi sentivo una stupida e anche mio marito si agitava un po' vendendomi così e non mi capiva: mi riempiva di domande, ma io non avevo risposte. Volevo solo piangere e scaricarmi. Poi col tempo, imparando a conoscermi, l'ho vissuta sempre meglio. Ora so quando mi sta per succedere e non mi preoccupo più. Anche mio marito lo sa ora: gli chiedo di lasciarmi sola per un po' di tempo, lo rassicuro che va tutto bene o gli chiedo di abbracciarmi in silenzio e basta. Dopo, mi sento straordinariamente meglio, come se fosse un modo di spurgare, di purificarmi.*

A volte però, rischiamo l'esatto contrario: ci proteggiamo… troppo! Stiamo troppo soli, troppo nei nostri pensieri, troppo in casa, troppo isolati.
E allora **cadiamo nell'estremo opposto**: abbiamo una soglia di stimolazione eccessivamente bassa per il nostro sistema nervoso e rischiamo così di cadere nella noia o peggio nella depressione.
Anche qui dobbiamo imparare a riconoscere il nostro limite.
Dobbiamo evitare i comportamenti estremi: troppo e troppo poco.
A me piace chiamarlo **"effetto pendolo"**: il suo movimento oscilla da destra a sinistra e se imprimiamo una forza, l'ampiezza e la velocità con cui passa da un estremo all'altro aumenta, dando il via a un movimento frenetico e sussultorio. Ecco, è una buona metafora per noi ipersensibili. Dovremmo allenarci a tenere il pendolo della nostra sensibilità in una zona intermedia, evitando gli estremi, in

IL PENDOLO DELLA SENSIBILITÀ

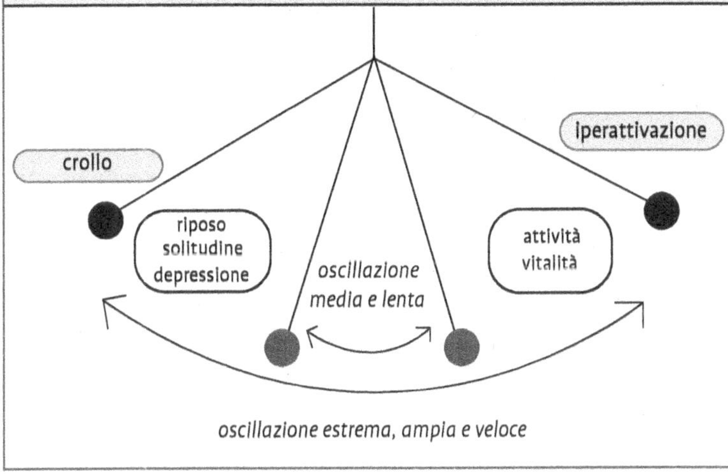

modo che le oscillazioni tra stimolazione e ritiro siano morbide, armoniche, e il passaggio da una fase all'altra sia graduale.

Come fare? Troverete qualche suggerimento in questo libro, ma di base dovete sperimentare, andare per tentativi ed errori, rischiare un pochino e verificare come state. È l'unico modo: trovate il vostro modo.

Perché ogni persona altamente sensibile è un mondo e deve trovare per sé il proprio centro.

Bello ma troppo

Eh già, anche le cose belle possono farci sentire sopraffatti. Difficile da comprendere per chi non è ipersensibile, ma è una realtà da accettare al più presto, se vogliamo cominciare a stare bene.

Un pomeriggio al centro commerciale. Un giro al luna park. Una giornata di shopping. Il Natale. Il pranzo in famiglia con dieci persone. Invitare a casa gli amici e cucinare per tutti. Andare a una festa. Queste esperienze piacevoli e divertenti per la maggior parte delle persone, per un ipersensibile possono diventare facilmente fonte di stress. Se ti invitano a un aperitivo seguito da una cena e

poi a ballare, è molto probabile che non ce la farai a fare tutto, che ti sentirai in ansia già dal pomeriggio, con una strana sensazione interna e la voglia di annullare tutti gli impegni e di non partecipare. So che è finita così molte volte...
Questo atteggiamento però è un errore: privarci della vita sociale è come privarci di un nutrimento essenziale e alla lunga ci porta, lo sappiamo benissimo, a chiuderci in noi stessi e a rinforzare la convinzione – in realtà falsa – che siamo "strani", che nessuno ci capisce e che niente andrà bene.
Allo stesso modo, però, non sarebbe una buona idea nemmeno partecipare a tutti gli impegni mondani senza prepararci adeguatamente e senza rispettare i nostri limiti.
È proprio quella sensazione di disagio che anticipa gli eventi il nostro migliore alleato. È un coach, un maestro da ascoltare: la percezione interna che qualcosa stride è il nostro strumento prioritario per conquistare il benessere HSP. Può prendere la forma di vera e propria ansia, oppure di qualcosa di più soffuso, come farfalle nella pancia, o una strana tensione fisica e mentale, una stanchezza che ti prende proprio un paio di ore prima di uscire, o addirittura un mal di testa o un disturbo fisico improvviso.
Sono tutti modi in cui il corpo ti segnala che sei nella tua **Zona di Rischio.** Ed è proprio qui che hai una grande opportunità se la affronti con consapevolezza: ampliare i confini della tua sensibilità e rinforzarti. Lo vedremo nella terza parte del libro.

Stare troppo "dentro"

Una delle ipotesi è che gli individui HSP abbiano un ruolo evolutivo per la società e che, anche se in minoranza, siano portatori di caratteristiche in grado di migliorare la qualità delle relazioni sociali, come la spiccata empatia, il comportamento prosociale, la tendenza a evitare i conflitti, la creatività, la cura dei rapporti, la riflessione profonda e il pensiero divergente per la risoluzione dei problemi.
La ricchezza del mondo interno degli ipersensibili si traduce spesso nella tendenza a riflettere molto sulle cose, a cercare il senso pro-

fondo e il significato degli avvenimenti, a sostare sui vissuti, nostri e altrui, a cercare soluzioni alternative e complesse. Questo essere rivolti più all'interno che all'esterno, se non contenuto, può diventare un'arma a doppio taglio. I rischi sono diversi:

- ci aspettiamo che anche gli altri funzionino come noi e che abbiano lo stesso approccio alle cose e quando non è così, e ciò accade spesso visto che le PAS sono 1 su 5 nella popolazione, restiamo fortemente delusi;
- a volte sopravvalutiamo le parole, le spiegazioni, i pensieri, l'importanza di far capire e ci troviamo a fare lunghi e approfonditi discorsi anche quando non è necessario;
- dimentichiamo che la soluzione più semplice spesso è anche la più corretta;
- spesso fatichiamo a prendere le cose con leggerezza perdendo così il senso del gioco e del piacere;
- qualche volta ci rintaniamo nelle nostre stanze interiori e scordiamo che fuori c'è un mondo ricco di possibilità.

E ORA... FAI PRATICA!

Post-it

Fai dei bigliettini e attaccali nei luoghi dove puoi vederli più spesso durante la giornata. Sullo specchio del bagno, sul cruscotto dell'auto, sulla scrivania, sulla porta di casa. Scegli frasi tipo:

- Respira.
- Rallenta.
- Come ti senti?
- Oggi abbi cura di te.
- Oggi risparmiati un po'.
- Chiudi gli occhi e ricentrati un istante.

Sii creativo: scrivi frasi brevi e significative, usa quelle parole che vorresti sentirti dire quando ti senti sotto stress. Usa i post-it come promemoria e porta consapevolezza sul messaggio ogni volta che l'occhio li intercetta.

Trasforma il motto Tutto-Tanto-Sempre

Gioca a trasformare questo pittoresco quanto vero motto che inconsciamente adoperi spesso. Relativizza. Contestualizza. Limita.
Nelle diverse situazioni fermati un istante: scrivi su un foglio Tutto-Tanto-Sempre e applicalo alla situazione che stai vivendo. E chiediti:
Che cosa voglio/posso? Quanto? Per quanto tempo?

Esempio
Pensiero stressante: Nel weekend ho troppi impegni, ma non voglio rinunciare a niente (Tutto, Tanto, Sempre).

Che cosa voglio/posso? Quanto? Per quanto tempo?
Risposta: Farò quello che conta per me, ascoltando il mio limite, per oggi.

Ecco alcuni suggerimenti per parafrasare adeguatamente e relativizzare. Anche qui: sii creativo!

TUTTO	TANTO	SEMPRE
Quello che conta per me	Ascoltando il mio limite	Per oggi
...	Un po' per volta	...
...	...	Quando me la sento
...	Nella giusta misura	...
...	...	Non ora, domani
La priorità è...	...	...
...	...	...

Come pensa la tua mente altamente sensibile

La mente ipersensibile oscilla tra due estremi: **l'iperattivazione neurologica** (*over-arousal*) dovuta a una sovrastimolazione da parte dell'ambiente e **l'ipoattivazione** (*under-arousal*) o inibizione per scarsità di stimoli sufficienti ad arrivare a una soglia adeguata.

In psicologia si parla di *arousal* per indicare la soglia adeguata di stimolazione che possiamo percepire e che attiva il sistema. Per fare un esempio, un suono deve superare una certa intensità (*arousal*) perché io lo senta, ma questa soglia non è detto che sia la stessa anche per gli altri.

Noi ipersensibili siamo spesso, ma non sempre, in *over-arousal*. Nella maggior parte delle persone questo porta ad attuare delle strategie, automatiche o anche in parte apprese, di selezione degli stimoli sulla base di cosa è importante in quel momento.

Il cervello ipersensibile questa selezione in automatico non la fa e si impegna invece a processare tutti gli stimoli contemporaneamente a diversi livelli, al costo di un grande dispendio energetico e, ora lo comprendiamo, andando velocemente in surriscaldamento e iperattivazione. Per fare un esempio, se sto leggendo un libro sul divano, nell'altra stanza delle persone stanno parlando e magari c'è anche una musica di sottofondo, un normosensibile più o

meno facilmente riuscirà a focalizzarsi sulla lettura tagliando fuori letteralmente gli altri suoni disturbanti. Noi PAS no: rileggeremo più e più volte la stessa frase perché stiamo anche sentendo (e per noi sentire vuol già dire ascoltare ed elaborare) il dialogo nell'altra stanza e, a un livello sottostante, stiamo anche seguendo mentalmente la canzone in sottofondo perché l'abbiamo riconosciuta.
La grande differenza è che la nostra attenzione non fa distinzione di priorità, ma si distribuisce frammentandosi su tutti gli stimoli, sonori in questo caso.
Allo stesso modo, se questa nostra attenzione così sensibile non viene sollecitata con costanza da stimoli interessanti, veloci o che comunque tocchino e superino quella soglia di *arousal,* facilmente cadiamo in uno stato di noia e insofferenza. Tutto questo dipende dal fatto che il nostro cervello abitualmente fa un processamento più profondo di tutte le informazioni (*depth of processing*).
Elenchiamo di seguito le caratteristiche principali delle PAS.

- Reagiamo alle esperienze in modo più intenso rispetto alla media, perché le percepiamo processandole in modo più sfaccettato e complesso e a vari livelli. Probabilmente è proprio perché il nostro sistema è sempre in ebollizione e contemporaneamente impegnato su moltissimi stimoli da elaborare, che spesso il nostro modo di reagire è più intenso, reattivo e carico emotivamente.
- Rischiamo di avere la modalità a interruttore: tutto-niente, passando da eccessi di attività al vuoto totale. È dalla capacità di gestire queste altalene mentali che dipende il nostro benessere altamente sensibile. Darò alcuni suggerimenti nella terza parte del libro.
- L'alta sensibilità è riscontrata in altre specie viventi, delineando quindi una base biologica di questa caratteristica.
- Le ricerche a oggi affermano che il 20% della popolazione è altamente sensibile, ma forse la percentuale potrebbe essere lievemente differente.

- PAS maschi e PAS femmine sono in uguale percentuale. Apparentemente potrebbe sembrare un fenomeno più femminile: probabilmente questo dipende dal fatto che la sensibilità, o una certa delicatezza interiore, nei maschi viene ancora oggi disapprovata o repressa, mentre è tollerata nelle femmine. Ciò fa sì che le donne esprimano questo tratto più degli uomini, che invece tendono a nasconderlo e a viverlo come più disfunzionale.
- Diverse ricerche dicono che preferiamo l'osservazione e l'analisi piuttosto che l'azione immediata ("Prima osserva e poi agisci"). Dalla mia esperienza clinica in tutti questi anni, mi sento di dire che questa è effettivamente la strategia che mettiamo in atto automaticamente di fronte a uno stimolo nuovo, intenso o stressante. Di base però abbiamo comunque un'alta reattività, una sorta di tendenza a "scattare velocemente" sia nel bene (velocità di pensiero e di parola, azioni sprint, anticipazione ecc.), che nel male. Ho riscontrato che scegliamo la strategia più introspettiva e riflessiva quando siamo in ambienti sociali più allargati, dove sentiamo importante il giudizio sociale, dove abbiamo meno intimità, o nelle situazioni dove siamo meno coinvolti emotivamente. Mentre ho osservato spesso che il secondo modo di essere, più reattivo e a volte "esplosivo" avviene quando siamo in situazioni più familiari, in relazioni più intime o dove ci sentiamo più coinvolti, dove abbiamo investito molto o abbiamo molto da perdere, o quando percepiamo una sorta di minaccia o di mancanza di rispetto verso il nostro modo di essere.
- Anche se siamo specialisti in un certo ambito, diamo il peggio se ci sentiamo osservati o sotto valutazione, sia in termini di risultato che di tempo, mentre in solitudine sappiamo svolgere lo stesso compito alla perfezione.
- Siamo soggetti a sovrastimolazione sensoriale e sovraccarico percettivo (suoni, luci, odori, sapori, sensazioni fisiche).
- In ambienti caotici o pieni di stimoli abbiamo un senso di sopraffazione e di perdita di controllo.

- Elaboriamo più profondamente le informazioni a vari livelli e diamo molta attenzione ai dettagli.
- Tendiamo ad avere un pensiero ramificato e divergente, che non segue i percorsi logici comuni e che apre continuamente link di collegamento a nuove idee e concetti.
- Usiamo molto l'emisfero destro (analogico, corporeo, emotivo, creativo) tanto che alcuni autori usano legare l'alta sensibilità a una dominanza di questo emisfero.
- Tendiamo all'introspezione, prediligiamo l'approfondimento in ogni cosa e la ricerca di un senso profondo, proprio perché il nostro pensiero è come un diagramma di flusso che per ogni nodo concettuale valuta e approfondisce numerose alternative.
- Percepiamo immediatamente il clima emotivo di un ambiente, notando anche tensioni o conflitti sottostanti e impliciti.
- Siamo dotati di spiccata empatia e sappiamo decodificare bene il linguaggio non verbale e leggere tra le righe.
- Ci emozioniamo facilmente e ci commuoviamo spesso.
- Affrontare i cambiamenti ci causa fatica ed è una fonte di stress.
- Fin da bambini abbiamo la sensazione di essere diversi dagli altri: questo difficilmente ci rende saccenti e arroganti, ma al contrario pensiamo di essere inadeguati e che ci sia qualcosa che non funziona in noi.
- Siamo intolleranti alla superficialità, ai luoghi comuni, ai discorsi tanto per dire.
- Non ci interessano granché gli aspetti esclusivamente materiali del vivere (possesso di oggetti, immagine, successo, denaro, potere...) e abbiamo una predilezione per aspetti più astratti, profondi, filosofici e spirituali.
- Facciamo molta fatica a porre dei limiti, a dire no e a proteggere i confini.
- Abbiamo difficoltà o paura ad affrontare i conflitti.
- Abbiamo aspettative molto alte verso noi stessi e siamo perfezionisti.
- Abbiamo un'attività immaginativa molto ricca e abbiamo an-

che una vita onirica (sogni) intensa e spesso ricordiamo i sogni.
- Siamo molto coscienziosi e abbiamo una consapevolezza profonda dei legami di senso e di causa-effetto tra gli eventi.
- Sentiamo molto il senso di responsabilità.
- Non abbiamo paura della solitudine, anzi la amiamo e la ricerchiamo (anche se non sempre consapevolmente).
- Prediligiamo ambienti naturali, dove stare in contatto profondo con la natura di cui abbiamo un viscerale bisogno.
- Siamo attratti naturalmente da tutto ciò che è spiritualità e crescita personale.
- Abbiamo spesso propensioni artistiche e siamo molto creativi in tutte le forme possibili.
- Siamo estremamente sensibili alle ingiustizie e possiamo anche arrivare a non proteggerci o farci del male per sostenere una battaglia a favore della verità o della giustizia.

L'attenzione e il multitasking

Le ricerche sul multitasking riguardano il cervello umano in generale e non solo le PAS. Gli studi sull'attenzione confermano che l'essere umano non è in grado di far fronte contemporaneamente a tutti gli stimoli dell'ambiente, ma che l'attenzione deve essere selettiva, cioè deve scegliere su quale informazione concentrarsi di più. Alcune teorie sulla neurofisiologia dell'attenzione affermano che se dobbiamo elaborare più stimoli, l'attenzione non si sposta alternativamente da uno all'altro, ma al contrario di divide e si distribuisce un po' su ogni stimolo. Questo viene definito effetto *cocktail party*: una parte dell'attenzione processa uno stimolo e altre piccole parti vengono delegate a elaborare altri stimoli contemporanei.
Il multitasking è esattamente questo: l'attenzione deve frammentarsi e dividersi, per processare simultaneamente diversi stimoli o compiti.
Il punto è che questo determina molti problemi oltre a diminuire la performance e i risultati che otteniamo.

Già nel 2009, l'università di Stanford aveva dimostrato che il cervello umano non è programmato per processare più informazioni nello stesso momento e quindi è più produttivo se ne elaboriamo una alla volta. Non solo. Con il multitasking peggioriamo il livello di efficienza, perché diventiamo più lenti nel passare da un'azione all'altra e incapaci di distinguere le informazioni importanti da quelle irrilevanti.
Mi piace chiarire il concetto con questa metafora. L'attenzione, ovvero la specifica funzione cognitiva che ci permette di elaborare le informazioni, può essere immaginata come un fascio di luce: più larga è la sua ampiezza, più cose illumina, ma in modo debole; se però restringiamo la stessa luce in un fascio piccolissimo, l'intensità diventa molto forte, tale da somigliare a un raggio laser. E il laser può tagliare anche i metalli.
Possiamo dirlo anche in un altro modo. L'attenzione è come un muscolo che si rinforza se allenato concentrandosi su un esercizio alla volta.
Alcune tecniche di focalizzazione mentale e la Mindfulness, in particolare con il protocollo MBSR (Mindfulness Based Stress Reduction – Metodo per la riduzione dello stress basato sulla consapevolezza), si fondano proprio su questo: allenare "il muscolo" dell'attenzione, indebolito dallo stress e dalla facile distraibilità dei giorni nostri, a stare fermo su un unico stimolo per volta.
I risultati sono sorprendenti e misurabili sia con test di performance che con tecniche di *neuroimaging*.
Già, perché oltretutto, il multitasking, se abituale, va a modificare addirittura la struttura del cervello. Lo conferma una ricerca dell'Università del Sussex che ha messo in relazione il tempo che le persone trascorrono su diversi dispositivi (computer, cellulare, Tv) – a volte contemporaneamente – con le risonanze magnetiche dei loro cervelli. Hanno scoperto che i multitasker abituali riportavano una minore densità cerebrale nella corteccia cingolata anteriore, una regione responsabile del controllo cognitivo ed emotivo e dell'empatia.

In sostanza, non solo chi usa inconsapevolmente e in modo eccessivo questi dispositivi risulta più distratto e diminuisce la performance, ma è anche meno abile negli aspetti emotivi e relazionali.
Un ultimo aspetto degno di nota è che il multitasking interferisce con il QI, il quoziente intellettivo.
Uno studio della University of London ha verificato che nei partecipanti che si dedicavano al multitasking durante lo svolgimento di compiti cognitivi si riscontrava un calo del quoziente d'intelligenza simile a quello che potrebbe sopraggiungere in caso di consumo di sostanze stupefacenti o dopo una notte insonne. Tra gli adulti maschi esaminati, il QI si abbassava di circa 15 punti, raggiungendo il livello medio di un bambino di 8 anni! Pare che sia un calo temporaneo, ma non ci sono ancora sufficienti ricerche per definire quanto il multitasking influisca in maniera stabile sull'intelligenza.

E per le PAS? Il cervello ipersensibile sembra predisposto biologicamente a processare più stimoli in contemporanea. Tanto che spesso l'ipersensibilità viene confusa con i disturbi dell'attenzione e diagnosticata erroneamente come ADHD. In realtà, quando non è iperstimolato e non raggiunge lo stato di *over-arousal*, la persona altamente sensibile non manifesta nessuna delle caratteristiche che il Manuale Diagnostico (DSM) attribuisce al deficit di attenzione.
È come dire: il cervello altamente sensibile è più propenso naturalmente al processamento simultaneo e profondo delle informazioni (DOES) per una propria particolare modalità neurofisiologica innata e questo è funzionale purché entro un certo limite di stimoli per numero e intensità.
Di nuovo quindi, torniamo a sottolineare l'importanza di conoscere questa caratteristica e di approfondire il modo in cui si manifesta in ciascuno di noi, di imparare a dosarci, sia in ipo-stimolazione che in iper-stimolazione, per trovare il nostro range di funzionamento confortevole, la nostra Zona di Benessere.

Un pensiero divergente

Il nostro modo di pensare assomiglia spesso e volentieri a un albero: da un pensiero se ne origina un altro e da qui ne nascono altri, che ne generano diverse biforcazioni, come rami che si aprono dal tronco di una pianta. Questo è il cosiddetto pensiero ramificato, che anche la dottoressa Petitcollin, autrice del libro *Il potere nascosto degli ipersensibili*, ritiene tipico.
Questo modo di funzionare considera una moltitudine di opzioni, le approfondisce prima di escluderle, cerca soluzioni alternative e differenziate. Per questo è anche un pensiero divergente, cioè che non procede in modo lineare o per legami causali semplici, ma è onnicomprensivo, molto creativo e tende a "divergere" appunto dai ragionamenti comuni.
È paragonabile a un fuoco d'artificio: è necessaria una piccola miccia – uno stimolo per noi interessante – per far decollare in pochi secondi un mondo di complessità ideativa nella nostra testa.
Questa modalità di pensiero è molto utile per il problem solving e la ricerca di soluzioni ispirate e creative, ed è uno dei valori evolutivi che gli ipersensibili portano dentro le relazioni e le organizzazioni.
Ma ha alcuni limiti, naturalmente:

- richiede e consuma una quota elevata di energia psichica e fisica (ricordiamo che il cervello si nutre di zuccheri);
- se non contenuto, rischia di allontanarsi dall'obiettivo e di fluttuare senza una vera direzione.

Quindi, quando ci accorgiamo che i pensieri stanno "dilagando", fermiamoci un istante e chiediamoci: qual è il mio obiettivo? Quale risultato intendo raggiungere? Se ci è utile possiamo appuntare i pensieri a mo' di diagramma di flusso o albero, creando delle vere e proprie mappe mentali che ci aiutano a incanalare fruttuosamente questa straordinaria e complessa capacità.

Il Punzecchiatore

Avevo appena fatto un esame, quando incontro una mia amica di università che mi dice che andrà a fare sei mesi di stage all'estero. Una parte di me era contenta per lei, ma sotto sotto sentivo un'altra parte... come un pensiero autodistruttivo, che è sempre lì e che mi parla e mi dice che non vado bene... e una parte di me era convinta che avesse ragione... me la immagino tipo un punzecchiatore, come quelli che alle medie ti punzecchiavano la schiena con la punta del compasso per farti dispetti... la mia compagna mi appariva irraggiungibile, avanti anni luce rispetto a me. Io non ce la farei mai a fare una cosa simile, affrontare un cambiamento così grande.
Quando sto male, quando ho gli attacchi d'ansia è sempre lui... il Punzecchiatore. Tipo un fantasmino nero... me lo vedo come se mi passasse davanti e mi dicesse: Perché tu non ci riesci? Perché reagisci così? Come fai a essere così stanca? Guarda gli altri come stanno bene! E un classico è: Ti stai prendendo il tuo tempo o sei solo una fannullona? Non è che te la stai prendendo troppo comoda?

La grande capacità descrittiva di questa ragazza altamente sensibile durante una seduta è un regalo a tutti noi. Il Punzecchiatore è una pittoresca immagine inconscia che con diversi nomi o sfumature possiamo trovare tutti nel nostro mondo interno e che ci paragona e ci fa sentire inadeguati. Ma per noi ipersensibili è una figura ancora più subdola, perché noi PAS siamo spesso cresciuti con l'idea che avremmo dovuto essere "come gli altri" e "sentire come gli altri" che, essendo in maggioranza, erano il nostro termine di paragone.

Il Punzecchiatore è il Giudice che, senza alcuna empatia e cura per noi, ci confronta continuamente agli altri, nella nostra mente sempre migliori o più performanti. Si tratta di quella parte che sente da ipersensibile, ma ragiona come se non lo fosse e, ancora, desidera non esserlo perché confrontandosi ne esce sempre e comunque sconfitta. **È il confronto con gli altri il problema. Il tentativo di**

essere come loro. Ci valutiamo su scale di caratteristiche che possediamo in maniera differente o che non ci appartengono affatto.

Il Punzecchiatore ha diverse abitudini disfunzionali:

- parla continuamente con un monologo interiore;
- paragona, confronta, giudica;
- il suo scopo è farci essere come-gli-altri e non come-veramente-siamo;
- è perfezionista ai limiti dell'ossessività;
- è pessimista;
- è svalutante;
- si oppone alle emozioni e giudica le sensazioni.

Contrastando le sensazioni che proviamo e le emozioni che si presentano, il rischio alla lunga è duplice: reprimendole, le emozioni diventano più esplosive e quindi più difficili da gestire; contrastandole, inoltre, ostacoliamo l'apprendimento di strategie più adeguate.
Riconoscere il nostro Punzecchiatore, o come vogliamo chiamarlo, essere consapevoli della sua presenza costante dentro di noi, ci permette di imparare a contenere i suoi eccessi e a renderlo più funzionale alla nostra crescita.

Introversi o estroversi? Facciamo un po' di chiarezza

> *Per molto tempo mi sono sentita anormale, perché non mi divertivo durante le attività che le mie amiche amavano anzi, mi infastidivo facilmente. Per anni mi sono vergognata di dire che me ne stavo a casa, in compagnia di me stessa, del mio gatto, di un buon libro, la mia musica, una tisana o un bicchiere di vino... Inventavo scuse al telefono per non vedere sul viso dei miei amici quella espressione*

di sottile compatimento mentre di certo pensavano "Che sfigata..." Adesso, dopo aver lavorato sulla mia sensibilità, ho un fidanzato che amo, un lavoro che mi piace, ma quando mi ritrovo a passare delle ore da sola riscopro quel senso di pienezza, di pace e di vero godimento interno e non mi vergogno più e non penso più di essere una persona poco socievole o che voglio meno bene al mio ragazzo. Semplicemente io sto bene anche così.

Per anni l'essere altamente sensibili è stato fatto coincidere erroneamente con l'essere timidi o introversi, creando una grande confusione.

Jung ha definito bene questa differenza: l'introversione è semplicemente un metodo di conoscenza della realtà, una strategia di approccio alle cose basata sull'osservazione, sull'elaborazione più approfondita dei dati, sull'analisi dei dettagli e sulla ricerca di correlazioni tra la situazione attuale ed esperienze simili del passato. Gli estroversi invece usano una strategia per decodificare la realtà più basata sul contatto diretto e l'azione immediata.

La Aron ha verificato che circa un 30% delle PAS sono estroverse, sottolineando ancora che ipersensibilità e introversione possono essere collegate ma non sono la stessa cosa.

Secondo l'autrice, un ipersensibile ha più probabilità di diventare timido o introverso se ha avuto un'infanzia difficile, se è stato trascurato o peggio maltrattato a causa della propria sensibilità, ma questa non è una legge assoluta e dipende molto da quanto la PAS sviluppa resilienza ed è capace di costruirsi da adulta un ambiente confortevole e valorizzante.

Per questo oggi sarebbe più utile parlare di tendenza alla riflessività delle PAS, piuttosto che di introversione o timidezza, caratteristica solo di alcune PAS. Dalla mia esperienza come terapeuta mi sento di confermarlo. Direi che trovare l'equilibrio come ipersensibili significa anche riuscire a passare con fluidità da momenti di riflessività a momenti di socialità, da introversione a estroversione, nel rispetto dei propri limiti personali.

Con l'utilizzo delle tecniche di *neuroimaging*, attualmente le neuroscienze sono entrate più nel dettaglio e hanno studiato introversione ed estroversione, caratteristiche comuni anche nelle non-PAS.
Sembra che una differenza importante la facciano due neurotrasmettitori: la dopamina e l'acetilcolina. Queste sostanze sono presenti in egual misura negli introversi e negli estroversi, ma ciò che differisce è la reattività e il sistema di gratificazione.
Mentre gli estroversi sembrano più gratificati quando interviene la **dopamina** (ambienti affollati, socialità, motivazione alla conquista ecc.), gli introversi lo sono invece quando interviene l'**acetilcolina**. Sia estroversi che introversi tendono al piacere e al benessere: la differenza è che l'acetilcolina ci fa star bene quando ci dedichiamo all'introspezione, alimenta la nostra capacità di riflettere approfonditamente, di meditare e concentrarci intensamente su un'unica questione per un lungo periodo di tempo, ci fa scegliere ambienti tranquilli, o di stare a casa in beata solitudine, persi in un libro o a seguire un film.

Un ultimo aspetto che vale la pena di essere citato, dal momento che ha creato alcune ambiguità, è quello dei **cercatori di sensazioni.** Alcuni ipersensibili possono essere anche degli *high sensation seekers*, dei cercatori di sensazioni forti, e i due aspetti sono indipendenti tra loro.
I cercatori di sensazioni, pur con tutte le caratteristiche degli ipersensibili, sono meno tolleranti al vuoto e alla noia e quindi più suscettibili quando la soglia degli stimoli si abbassa troppo. Questo li porta a cercare continuamente cose nuove da fare e ad alzare l'asticella delle esperienze per riempire questo senso di insoddisfazione.
Difficilmente però queste **PAS sensation seekers** compiono atti impulsivi, perché una delle caratteristiche base dell'ipersensibilità è la cautela insieme alla grande consapevolezza delle conseguenze delle proprie azioni.

E ORA... FAI PRATICA!

Primo esercizio

Esercitati a distinguere situazioni, pensieri, sensazioni ed emozioni con le tecniche illustrate nel capitolo dedicato a questo argomento (pp.165-175).

Esercizio dello STOP

Utilizzato nella Mindfulness, questo semplice esercizio serve a fermare il circolo vizioso dei pensieri e a riprendere consapevolezza del momento presente, agevolando il riequilibrio delle funzioni fisiologiche di base (respiro, battito cardiaco). È utile per riprendere concentrazione e limitare la distraibilità e la tendenza a rimuginare.

STOP è usato come acronimo nella tecnica illustrata dall'inglese Elisha Goldstein.
S-*Stop*: fermati un attimo, interrompi qualunque attività stai facendo;
T-*Take a breath*: respira profondamente per almeno un minuto;
O-*Observe*: osserva interiormente se ci sono emozioni, sensazioni, pensieri predominanti;
P-*Proceed*: agisci consapevolmente, sulla base di quanto hai osservato, facendo una cosa per volta.

Fai questo esercizio più volte al giorno e aiutati mettendo dei post-it colorati con scritto STOP un po' ovunque, sulla tua scrivania, sul cruscotto dell'auto, sulla porta di casa.

Prendi spunto da queste quattro domande

Queste quattro domande derivano dalla pratica di Byron Katie, formatrice e coach, insieme al marito, lo psicoanalista Stephen

Mitchell, che hanno fondato il metodo "Il Lavoro". Tale metodo rappresenta un procedimento di autoindagine molto semplice e intuitivo, che insieme ad altri strumenti può essere un valido aiuto, come mappa mentale, per gestire la tendenza a rimuginare o perdersi nei pensieri. È una tecnica che, pur differendo molto dal mio approccio terapeutico, a volte uso sia con i pazienti sia durante la formazione, e anche su me stessa, essendo molto stupita dell'immediatezza dei risultati.
Per esempio, identifica il pensiero che ti sta tormentando in questo momento: *Il mio collega (nome) non mi ascolta mai.*

Questa diventa nella mente un'affermazione che continua a rafforzarsi. "Il Lavoro" consiste in quattro domande e un rigiro. Prendi quell'affermazione, scrivila su un foglio di carta e mettila di fronte alle seguenti domande:

- È vero?
- Puoi sapere con assoluta certezza che è vero?
- Come reagisci, cosa avviene quando credi a quel pensiero?
- Chi saresti senza quel pensiero?

Sembra molto semplice, al limite della banalità, ma è proprio quando è messa di fronte a questa semplicità che la mente deve fare i conti con le proprie difese.
Se vuoi approfondire questo esercizio, trovi libri e siti che ti possono aiutare. Ricorda che ogni suggerimento è uno strumento che non va assolutizzato e non può sostituire l'aiuto di uno psicoterapeuta quando necessario.

Identifica (e disegna) il tuo Punzecchiatore

Trova un nome e un'immagine per il tuo personaggio interno sadico e svalutante. Puoi disegnarlo o cercare un'immagine che lo richiami. Rappresentatelo nella mente e poi lo saprai riconoscere.

Una volta che hai l'immagine, elenca tutte le frasi depotenzianti e ricorrenti che il Punzecchiatore usa per tormentarti. Non censurarti e non minimizzare. L'inconscio ama giocare in questo modo per esprimersi e liberarsi. Identifica da 4 a 10 frasi ricorrenti e scrivile intorno all'immagine a mo' di fumetti. Appendi l'immagine dove preferisci e ogni tanto guardala.
Personificare questa parte svalutante dentro di te, ti aiuterà a disidentificarti da essa e a prenderne le dovute distanze. Col tempo potresti aver voglia di sostituire o modificare alcune o tutte le frasi con parole più comprensive e valorizzanti e potresti lasciarti libero anche di creare un secondo personaggio che ha il ruolo complementare di stimolarti e apprezzarti o potresti semplicemente aver voglia di "ammorbidire" le fattezze del tuo Punzecchiatore.
Attenzione: lo scopo non è cancellare, eliminare o distruggere il Punzecchiatore. Questa parte è nata con una funzione difensiva per la psiche, ma nel tempo si è indurita. Una parte interna che ci sprona a fare meglio o che ci fa notare dove sbagliamo è sana, a patto che sia costruttiva e non sadica.

DISEGNA IL TUO PUNZECCHIATORE

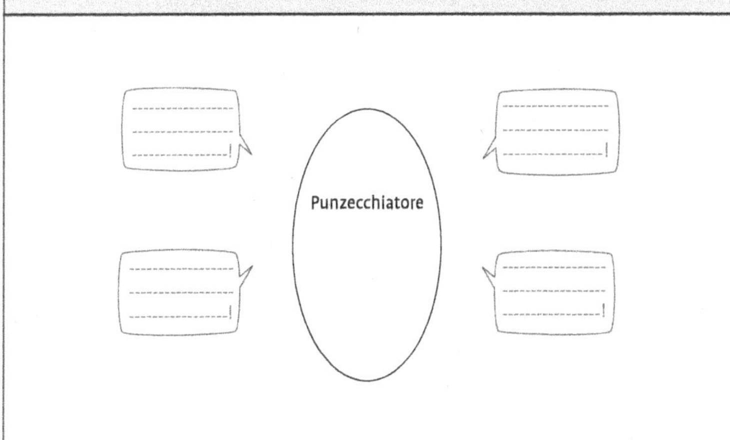

Come sente il tuo corpo ipersensibile

Siamo un sistema estremamente permeabile alle sensazioni. Sia quelle esterne, visive, uditive, olfattive, gustative e cinestesiche (contatto, ma anche temperatura, pressione, sfregamento...) che formano l'esterocezione, ma anche quelle interne, che chiamiamo propriocezione, come le sensazioni del nostro stomaco, le farfalle nella pancia, i delicati movimenti degli organi interni, il respiro, il battito cardiaco e ogni sensazione che proviene dall'interno del corpo, compreso il dolore.

> *La metropolitana nell'ora di punta è il mio incubo. Lo stridio delle rotaie quanto il treno frena mi attraversa il cervello e mi fa venire un brivido lungo tutta la schiena se non mi tappo le orecchie. E sui vagoni... le persone ammassate, addosso, sento il tessuto dei loro vestiti sulla pelle delle mie mani... gli odori... per non parlare del rumore, le persone che parlano al telefono ad alta voce e io non riesco a non seguire per filo e per segno ogni cosa anche se non voglio.*
> *Credevo di aver avuto un attacco di panico in autobus una volta... il caldo, le voci, la sensazione fisica di essere invasa dalle altre persone. Ora che so di essere ipersensibile e mi sto conoscendo meglio sotto questo punto di vista penso che non fosse panico ma solo senso di sopraffazione per il troppo caos.*

Tutto questo dipende dal nostro specifico modo di percepire le cose, che la Aron chiamò SPS (*Sensory Processing Sensitivity*) e che possiamo tradurre come **sensibilità del processamento sensoriale**. Di cosa si tratta in poche parole? Non significa avere recettori sensoriali più numerosi o più "capaci". Ma la particolarità è a livello dell'**elaborazione cognitiva** che facciamo delle informazioni sensoriali, a livello centrale, nel cervello, non negli organi sensoriali. In particolare, il fulcro sta nel differente modo di lavorare della nostra **attenzione**. L'attenzione è l'ingrediente fondamentale che ci permette di percepire gli stimoli. Un suono può esserci ed essere udito dalle orecchie (organi sensoriali), ma se non gli prestiamo anche solo una minima attenzione non lo elaboriamo a livello mentale, cioè non lo percepiamo. Udire è diverso da ascoltare. Vedere è diverso da guardare. E via dicendo. Possiamo dire che:

$$\text{sensazione} + \text{attenzione} = \text{percezione}^{*}$$

e questo vale per tutte le persone.

Nelle persone altamente sensibili però l'attenzione è, per cosi dire, elevata in potenza, così che la percezione che ne risulta, partendo dal medesimo stimolo, risulta maggiore:

$$\text{sensazione}+\text{attenzione}^{n} = \text{percezione altamente sensibile}$$

Per capirci:

$$1+2= 3 \text{ (percezione normosensibile)}$$

$$1+2^{2}= 1+4= 5 \text{ (percezione altamente sensibile)}$$

Può trattarsi di stimoli sonori, per esempio, che non riusciamo a lasciar cadere in secondo piano, come nel caso di quest'uomo:

** C'è un altro ingrediente oltre a sensazione e attenzione: l'esperienza pregressa. Lo vedremo nel prossimo paragrafo.*

Fin da piccolo, ho la sensazione di avere l'udito come quello degli animali: sento il più piccolo suono e spesso mi distrae anche un rumore che altri non sembrano percepire. Il suono di alcuni elettrodomestici quando sono in stand-by per esempio: quel sibilo, tipo ronzio, che credo sia dato dall'elettricità che continua a scorrere anche se è spento. Ecco io lo sento. La radiosveglia, non in funzione ma accesa, non la posso tenere sul comodino vicino al letto altrimenti questo ronzio mi impedisce di dormire: la devo mettere su un mobile lontano.

In altri casi può riguardare invece la percezione più globale di una scena o di un ambiente: un insieme di vista, udito, olfatto, tatto e sensazioni più cinestesiche, fatte di contatto del corpo con determinati oggetti o tessuti e di prossemica (cioè vicinanza o distanza tra i corpi), come nel caso di questa giovane ragazza:

Terapeuta (Accogliendola sulla porta dello studio): Buongiorno (nome)!
PAS: Buongiorno dottoressa!... Uhm... (ancora prima di entrare). Ha cambiato la disposizione del divano...
Terapeuta: Sì, ho fatto qualche piccola modifica. Si accomodi e senta come le risuona.
PAS (Si siede, fa qualche respiro profondo, chiude gli occhi per qualche istante. Poi li riapre): ... Mmh... È strano...
Terapeuta: Sì, è diverso. È piacevole o spiacevole?
PAS: È piacevole, è bello, ma mi servirà un po' di tempo per abituarmi...
Terapeuta: Certo. Si prenda tutto il tempo che le serve per essere a suo agio.
PAS (Chiude ancora gli occhi, aggiusta il corpo con qualche movimento della schiena sul divano, tocca il tessuto, poi si guarda in giro): Anche guardarla, dottoressa, è diverso, perché non è più nella stessa prospettiva, vedo delle altre cose intorno a lei adesso perché sullo sfondo c'è una parete diversa...
Terapeuta: È vero. Faccia liberamente tutto quello che si sente di fare in questo momento per ricentrarsi.
PAS (Dopo un altro silenzio): Ok! Ci sono.

Notiamo anche il fatto che l'attenzione ipersensibile può essere doppia, tripla o ancora maggiore: ho usato questi numeri solo per esemplificare. Non ci sono ancora studi che abbiano quantificato specificamente il nostro *plus* di processamento attentivo, ma hanno confermato che i tempi di reazione (TR) sono diversi: noi PAS stiamo più tempo su uno stesso stimolo, processiamo più stimoli contemporaneamente e diamo molta attenzione ai dettagli andando in profondità. Ecco perché un dettaglio sonoro, olfattivo o visivo può non essere notato e bypassato dall'attenzione di una non-PAS, ma può essere captato, riconosciuto e percepito come fastidioso da una HSP. Ricorda cosa abbiamo detto riguardo a come funziona "il muscolo" dell'attenzione.
Il lavoro per **focalizzare e disciplinare l'attenzione** è fondamentale per noi PAS perché ci permette di imparare a dirigere l'attenzione come un fascio di luce su ciò che è la priorità in quel momento, controllandola noi invece di esserne controllati. Su questo aspetto proporrò alcuni strumenti nella terza parte del libro che fanno parte della mia pratica quotidiana come psicoterapeuta con persone altamente sensibili e che uso personalmente da anni.

Il ruolo delle esperienze

C'è un altro ingrediente che compone la percezione e che vale la pena sottolineare:

sensazione+attenzione+**esperienza passata**=percezione

Ogni volta che incontriamo uno stimolo – una sensazione, un'emozione, una esperienza, un ambiente, una persona – lo percepiamo in base a come abbiamo affrontato in precedenza stimoli simili. La nostra conoscenza del mondo, la nostra convinzione sulla realtà condiziona il modo in cui percepiamo ogni nuovo stimolo. Facciamo un esempio. Se ho avuto una spiacevole esperienza con un cane da piccolo e mi sono molto spaventato, è probabile che reagirò in automatico con paura, ansia e rifiuto in ogni occasione in cui incontrerò un cane, anche se fosse il cucciolo più adorabile del mondo.

Quindi se sono convinto che una certa esperienza o una certa situazione sarà spiacevole, perché in passato è stata spiacevole, sto già filtrando la nuova esperienza in modo negativo e sto, nella mia mente, attraverso le mie aspettative, ponendo le basi perché tutto vada male. Se come ipersensibile, non vado a una festa, perché in quel locale quella volta mi sono sentito sopraffatto, sto facendo questa operazione. Se devo comunicare una cosa importante al mio capo, ma mi trattengo, accumulando ansia, perché quella volta gli ho letto in viso un'espressione di disapprovazione che mi ha fatto stare male per giorni, sto facendo questa operazione. Possiamo anche chiamarle **profezie che si auto-avverano:** nella mia mente mi preparo al peggio e, inevitabilmente, il peggio si realizza, ma solo perché ho focalizzato tutte le mie risorse cognitive e comportamentali sugli aspetti negativi e spiacevoli che già avevo disegnato nei minimi dettagli nella mia mente.

Quante volte è capitato, vero? Di base, questo comportamento automatico è protettivo verso future frustrazioni, ma contemporaneamente è molto limitante perché, evitando di provare nuovamente senza pregiudizi e aspettative, si perde l'occasione di trovare nuove strategie, di sperimentare modi nuovi di relazionarsi e si evita anche di verificare che le cose potrebbero andare diversamente. In poche parole, così facendo impediamo la nostra evoluzione!

Il ruolo dell'amigdala

L'amigdala è una piccolissima parte del cervello che ha a che fare con le emozioni e in particolar modo con la paura. Ha una struttura ovoidale (in greco antico amigdala significa mandorla) ed è collocata più o meno nel centro del nostro cervello. Il riconosci-

FLUSSO DELLE INFORMAZIONI

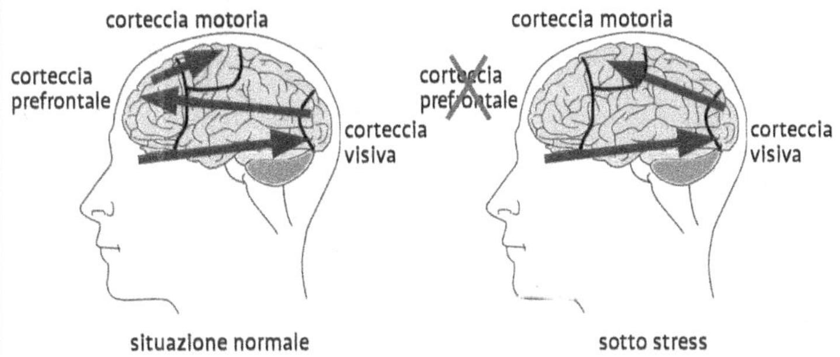

mento delle emozioni avviene anche grazie a essa, che invia impulsi all'ipotalamo per l'attivazione del sistema nervoso simpatico, ai nuclei del nervo trigemino, del nervo facciale e a molte altre strutture neurologiche.

I segnali provenienti dagli organi di senso raggiungono l'amigdala attraverso un'altra struttura che si chiama talamo, un secondo segnale viene poi inviato dal talamo alla neocorteccia. Questa ramificazione permette all'amigdala di cominciare a rispondere agli stimoli prima della neocorteccia. In questo modo l'amigdala è capace di analizzare ogni esperienza, scandagliando le situazioni e ogni percezione.

Quando valuta uno stimolo come pericoloso, per esempio, l'amigdala scatta come un grilletto neurale e reagisce inviando segnali di emergenza a tutte le parti principali del cervello; stimola il rilascio degli ormoni che innescano la reazione di combattimento o fuga, (adrenalina, dopamina, noradrenalina), mobilita i centri del movimento, attiva il sistema cardiovascolare, i muscoli e l'intestino. Contemporaneamente, i faldoni della memoria vengono sfogliati con precedenza assoluta per richiamare ogni informazione utile nella situazione di paura. Poi la corteccia prefrontale, riceve e integra informazioni dalle altre aree corticali, relative a varie modalità sensoriali (uditive, visive ecc.).

L'attivazione della corteccia frontale è necessaria per comprendere

il significato di una situazione emotiva nel qui e ora e per valutare quanto il valore attribuito agli stimoli sia adeguato al contesto e, sulla base di questa analisi, selezionare le azioni da intraprendere.
In situazioni di stress la corteccia prefrontale si "spegne" e viene bypassata; le informazioni vanno direttamente dal sistema sensoriale alla corteccia motoria, all'interno del cervello 'impulsivo'.
La disattivazione della corteccia prefrontale, quando siamo sotto stress, è stata progettata da madre natura a favore della nostra sopravvivenza. Se avessimo pensato troppo davanti a una belva feroce, nella preistoria saremmo certamente morti. Si tratta della risposta "attacco o fuga", che è programmata biologicamente e che condividiamo con gli animali. Quando siamo in allarme, il flusso del sangue si sposta dalla regione frontale a quella dell'amigdala, che viene così iperstimolata e che aumenta il nostro battito cardiaco e la nostra pressione sanguigna, mandando in circolo nel corpo tutti i tipi di ormoni dello stress, in modo da poterci mettere in condizione di reagire rapidamente a un pericolo imminente per combatterlo o scappare.
Ma c'è anche una terza opzione: il *freezing*, che avviene quando il sistema è così sovrasoglia che va in tilt e non ci permette più di agire tramite la fuga o l'attacco, ma ci blocca. È un comportamento protettivo che possiamo notare anche negli animali.
Alcune ricerche tramite *neuroimaging* hanno verificato che l'amigdala, in stato di allarme cronico e stress prolungato, diventa ipertrofica, cioè si gonfia e aumenta di dimensioni a causa del surplus di eccitazione. Ma la cosa meravigliosa del corpo umano è che torna delle dimensioni naturali quando le condizioni stressanti terminano.

Altri studi hanno avanzato l'ipotesi che alcuni comportamenti, comunemente definiti "**timidezza**", potrebbero essere ricondotti a una **ipersensibilità dell'amigdala**, condizione nella quale l'amigdala è iperattiva, provocando un senso costante di allerta e paura nel soggetto, con il conseguente rilascio costante di cortisolo

– l'ormone dello stress – nel sangue, che alla lunga provoca malattie psicosomatiche e danni al sistema immunitario. Ma visto che le ricerche hanno individuato in noi HSP un sistema di **processamento sensoriale più sensibile** determinato già di base da un livello di funzionamento dell'amigdala più alto della media, è plausibile ipotizzare che come ipersensibili siamo costantemente al limite della soglia di stress. Anche quando stiamo benone, qualunque stimolo in più, che per i normosensibili sarebbe quasi impercettibile o comunque gestibile, potrebbe essere per noi la goccia che fa traboccare il vaso e ci manda in uno stato di sopraffazione.
Saperlo è già un buon presupposto per cambiare le cose e prevenire questo effetto.

Una scelta precoce per "sopravvivere"

Immaginate adesso un bambino altamente sensibile che percepisce tutte queste informazioni sensoriali alla massima potenza, con un'attenzione velocissima e vorace, con poche esperienze cui fare riferimento e che non ha ancora gli strumenti cognitivi per gestire tutto questo.
Sappiamo che il tipo di famiglia in cui una HSP cresce è fondamentale per il successo delle sue strategie future: un'infanzia felice e supportiva di questo tratto genera un adulto appagato, con autostima e con un buon equilibrio tra introversione ed estroversione; mentre un'infanzia difficile, dove la sensibilità non è stata apprezzata e valorizzata, o peggio un'infanzia trascurante e povera di stimoli crea maggiori probabilità di crescere introversi, sguarniti di alcune risorse, più vulnerabili rispetto al mondo e più inclini a sviluppare umore depresso e altri disagi.
Ricordiamoci sempre però che questo **processo di riparazione e rinforzo** può essere sempre e in ogni caso fatto, anche in età adulta e se necessario con l'aiuto di una psicoterapia: non piangiamoci addosso e rimbocchiamoci le maniche!
Quindi, torniamo al nostro bambino ipersensibile.

Se le figure che se ne occupano gli forniscono gli strumenti adatti per riconoscere, decodificare ed etichettare in modo appropriato le percezioni, accogliendo il sentire del bambino e validandolo, avremo successivamente un adulto intero, capace di ascoltarsi, di dare un nome ai propri vissuti, senza negarli, disconoscerli o proiettarli e capace di analizzare con acutezza l'ambiente intorno, consapevole di essere – quale ipersensibile – uno strumento affinato, preciso e affidabile.
Se invece l'ambiente non fa che svalutare le sensazioni del bambino, minimizzarle o disconfermarle, oppure il bimbo intuisce precocemente che non ci sono nemmeno le condizioni per poterle esprimere, ecco che il piccolo ipersensibile si trova davanti a un bivio: fidarsi di sé e di quello che sente o, per essere accettato a amato, sfiduciarsi e, per adattarsi all'ambiente, diventare come gli adulti lo vogliono? Non c'è nulla di cui vergognarsi: molti di noi hanno, per forza di cose, scelto la seconda strada, perché da piccoli abbiamo un vitale bisogno di essere accolti e amati.

È a seguito di questa **scelta inconscia**, una sorta di promessa o **patto** con noi stessi, fatto di solito in tenera età, che decidiamo il futuro rapporto con il nostro corpo. Le alternative sono due.
La prima è tentare di **disconnetterci dal corpo** e dai suoi segnali per cercare una sorta di anestesia dalle sensazioni, vissute come invasive e minacciose. Questa, che può sembrare una buona strategia nel breve, alla lunga chiede il suo prezzo da pagare: diventiamo persone spaccate in due, mente e corpo, creando un senso di frammentazione e di separazione dalla vitalità e dalla vita stessa. Scegliamo di rintanarci nella mente, nei pensieri, nelle fantasie e nell'immaginazione, lasciando al corpo gli aspetti solo strumentali (uso il corpo) o funzionali (col corpo mangio, lavoro, dormo…). Ma così facendo, tagliamo le connessioni con il nostro alleato più importante, il corpo e il suo sentire, e andiamo nel mondo quasi come automi. Per proteggerci dal dolore ci difendiamo da tutto, anche dal piacere.

> *Avevo passato tutto il pomeriggio in ospedale da mia nonna, che era stata ricoverata. Ero lì, ma non mi sentivo lì: avevo la testa che un po' girava, le orecchie ronzavano, mi sono sentita strana per tutto il tempo. Quando sono venuta via, per strada mi sentivo anche peggio: come se non fossi propriamente dentro me stessa... So che è strano da dire... Appena arrivata, aperta la porta, mia madre mi ha solo chiesto: "Come va?". Sono esplosa in lacrime... Con singhiozzi forti che mi mancava il respiro... Ci ho messo un'ora a calmarmi... Io non so perché mi succede così, non capisco, di punto in bianco...*

In questo modo, come nel caso di questa ragazza altamente sensibile, il corpo per comunicare con noi ci deve mandare dei messaggi molto forti, addirittura violenti, come per questo esempio, o peggio, con crisi di ansia o veri attacchi di panico, per superare la barriera difensiva che abbiamo messo tra noi, le nostre sensazioni e le emozioni connesse.

L'altra alternativa è **ritirarci all'interno di noi** e stare rintanati lì il più possibile, sprofondando in ogni più piccolo segnale sensoriale ed emotivo. In questo caso siamo in contatto col corpo, ma è un contatto disfunzionale. L'immagine che mi viene in mente è di una persona sulla cima di una torre di un castello fortificato che con ansia scruta continuamente all'interno delle mura, poi fuori, poi dentro, poi ancora fuori con lo scopo di verificare se tutto va bene o se qualche piccola cosa è fuori posto.

> *Tu senti anche le unghie crescere...*
> *(Partner di una donna ipersensibile)*

Poi quando qualcosa accade, e qualcosa nella vita accade sempre, ecco che scivoliamo "dentro" quella sensazione, che porta con sé emozioni e pensieri collegati, e corriamo il rischio di annegare in un mare di rimuginazione e vittimismo. Questo modo di funzionare è snervante ed esaurisce tutte le energie nella speranza di

avere tutto sotto controllo. Ma è una pretesa irrealistica perché poche cose sono sotto il nostro controllo, a meno di restare davvero chiusi in un fortino.
Questo è il rischio di questa seconda strategia: l'isolamento e il ritiro in sé.

> *Al lavoro per evitare di distrarmi tento di stare chiuso in me stesso il più possibile. Funziona per un po', ma poi comincio a fare attenzione a ogni minima sensazione... un fastidio all'occhio, una piccola fitta, il cuore che batte più forte e allora comincio ad andare in affanno, il respiro aumenta, ed è peggio del caos di tutti i telefoni dell'ufficio che squillano insieme...*

Un altro aspetto che emerge dalle ricerche sull'alta sensibilità è una **maggior percezione del dolore**. Anche qui, secondo la mia esperienza, va fatta una precisazione.
Abbiamo davvero una soglia di dolore più bassa? O semplicemente di fronte alla sensazione di dolore, come con tutte le altre sensazioni, noi ipersensibili non fuggiamo, non cerchiamo di distrarci, di negarla, o di metterla a tacere, ma invece stiamo lì, sentendola fino in fondo e cercando di imparare anche da essa? Probabilmente ci sono entrambi gli aspetti.
Tutto sta nel limite che poi ci dobbiamo dare davanti al dolore e nella nostra capacità di *coping*, cioè di affrontare le crisi e le sofferenze in modo costruttivo. Ho conosciuto diverse persone altamente sensibili – e io sono una di queste – che hanno attraversato esperienze estreme, fisiche e psicologiche, da malattie invalidanti o croniche, a tumori, anche in giovane età, lutti, incidenti... Soffrendo moltissimo, piangendo e disperandosi oppure tenendosi tutto dentro, ma uscendone in ogni caso persone migliori e più consapevoli, perché in grado di attraversare quell'esperienza con la disposizione squisitamente sensibile a imparare e crescere.
Penso che questa sia un'altra nostra grande risorsa da valorizzare e sfruttare pienamente.

I disturbi psicosomatici

Dalla mia esperienza clinica posso dire che siamo **altamente reattivi** anche dal punto di vista della salute. Diverse ricerche confermano questa predisposizione a essere più suscettibili a certe condizioni ambientali (vedi il capitolo "Le emozioni ipersensibili"). Una delle mie specializzazioni è in psicoterapia psicosomatica e con i miei pazienti uso l'approccio della PNEI (psiconeuroendocrinoimmunologia), che esamina le connessioni tra i nostri pensieri ed emozioni, gli ormoni e il sistema immunitario: è un equilibrio delicatissimo e complesso, un'orchestra in cui ogni elemento deve essere in perfetta armonia con gli altri perché possiamo stare bene.
Nel mio studio lavoro con ipersensibili che quasi sempre manifestano anche dei disturbi psicosomatici. La somatizzazione è la scelta istintiva del nostro corpo di farsi carico di un disagio emotivo o di un conflitto attraverso un dolore, un'infiammazione, un'allergia, una malattia. E perché lo fa? Due sono i motivi.
Il primo è che il nostro organismo è biologicamente programmato all'omeostasi e al benessere: così anche la malattia è il tentativo estremo del sistema di ricreare l'equilibrio, resettando, facendo piazza pulita o sparigliando le carte in gioco.
Il secondo è che con quel disturbo fisico stiamo inconsciamente esprimendo un disagio emotivo che non riusciamo a esprimere e risolvere in modo più evolutivo, attraverso parole, scelte e comportamenti adeguati, ma chiediamo al corpo di farsene carico.

> *Nonostante siano vent'anni che faccio il dirigente e parlo alle riunioni semestrali, ogni volta, la sera prima del mio discorso pubblico ho qualche linea di febbre.*
>
> *Quando esco con quelle persone, ormai l'ho capito, poi mi viene sempre mal di testa.*
>
> *I giorni prima di un esame all'università, vado in bagno tantissime volte.*

Stati infiammatori blandi (febbre leggera, dolori acuti ma di breve durata), veloci a venire e altrettanto rapidi a scomparire, quando non sono sintomo di patologie organiche conclamate, possono raccontare di un sistema immunitario che ha messo l'allarme sul semaforo rosso: come se di fronte a qualche evento sfidante e che ci richiede un'alta prestazione (come nel caso del dirigente), tutto il nostro sistema andasse in allerta, preparandosi all'attacco o alla battaglia e attivando anche a livello biochimico e ormonale tutta una serie di procedure pronte alla lotta e alla difesa.

L'**intestino** è il nostro secondo cervello e risponde immediatamente alle stimolazioni emotive. Il colon irritabile (con i suoi episodi violenti di scarica, da soli o alternati con stipsi), il morbo di Chron, la colite ulcerosa sono alcune delle patologie che hanno una grande componente psicosomatica. L'intestino si fa carico di gestire il senso di colpa, la paura, la tristezza, il disgusto, l'ansia sociale e tutta una serie di sentimenti "sporchi", socialmente poco accettabili. Ci parla anche della nostra difficoltà a scindere ciò che di buono deve essere trattenuto e ciò che invece è scarto e va lasciato andare.

Anche le manifestazioni legate allo **stomaco** sono ricorrenti. Quando ci arrabbiamo lo stomaco si chiude. Se siamo depressi diventiamo affamati o al contrario inappetenti. Con il suo ruolo di trasformare i cibi da sostanze complesse a sostanze più semplici, per poi digerirle, lo stomaco ci parla della nostra difficoltà a eseguire questi compiti anche con i nostri pensieri, le situazioni e le relazioni.
La gastrite, il reflusso gastroesofageo, l'ulcera, con il loro eccesso di acido cloridrico (la sostanza più caustica e tossica che possediamo nel nostro corpo e che serve alla digestione), ci spiegano che c'è un surplus di energia calda, forte, bruciante che stiamo usando in modo eccessivo, contro noi stessi e in modo autodistruttivo, forse per paura o non abitudine a usare una sana aggressività all'esterno per sostenere i nostri bisogni.

Sono certa che anche mia madre fosse una persona altamente sensibile e che si sia dovuta indurire negli anni per poter resistere. Ha fatto per 35 anni un lavoro che odiava, che i suoi genitori avevano scelto per lei, così è stata costretta ad avere a che fare coi numeri quando invece lei era tagliata per aiutare le persone. Ha sofferto di ulcera perforante per 30 anni, prendendo un mucchio di farmaci. Poi è andata in pensione, si è dedicata al giardino e ai nipoti e l'ulcera è sparita: si è cicatrizzata da sola! Ero incredula anche io, poi mi è stato tutto chiaro... Lei ha sofferto tanto perché non è stata aiutata a valorizzare la sua sensibilità. Io non voglio fare lo stesso errore.

Anche la **pelle** è spesso coinvolta nei disturbi psicosomatici. La pelle è la lavagna su cui scriviamo le cose che non esprimiamo. Dermatiti atopiche, orticaria, eritemi, allergie, vitiligine, psoriasi, così come cisti sebacee, acne, e via dicendo: molte di queste manifestazioni diventano croniche senza che si riesca a individuarne l'origine medica.
Ma forse cerchiamo nel posto sbagliato. Nella mia esperienza clinica ho visto molte persone migliorare imparando alcune tecniche che illustrerò nella terza parte del libro, finalizzate ad abbassare la soglia di *arousal* e ristabilire un equilibrio neurovegetativo.

Ho sempre avuto questo problema: divento rossa ogni volta che qualcuno mi rivolge la parola a parte i miei familiari. Da ragazzina mi si incendiava tutto il viso e più tentavo di impedirlo più il rossore aumentava. Poi, non so dire quando, ma a un certo punto o lentamente negli anni è diminuito fino a sparire. Ma solo dal viso. Perché adesso – e anche in questo momento lo sento – quando parlo di me, le persone mi dicono che mi si formano delle macchie rosse sulla gola e sul collo fino al petto. Infatti quando devo sostenere una situazione in cui so già che dovrò espormi ormai scelgo una camicia o una maglia a collo ben stretto così che almeno nasconda un po'...

L'apparato respiratorio, risponde al clima dell'ambiente in cui viviamo o lavoriamo. E non sto parlando solo del grado di umidità o della temperatura ma del clima emotivo. Così riniti, raffreddori, mal di gola, tosse, tracheiti, faringiti con perdita di voce, asma ci stanno dicendo qualcosa sull'aria che respiriamo nelle nostre relazioni, su quanto ci sentiamo autonomi e liberi di vivere o quanto ci sentiamo soffocati da qualche pressione o aspettativa.

Le **cefalee** e le **emicranie** con il loro dolore spesso lancinante e invalidante ci chiedono uno stop dalle attività, ci obbligano a fermarci, a smettere di pensare, di rimuginare, di stare nella testa.

Il **sistema cardiocircolatorio** è un altro specchio altrettanto affidabile del nostro mondo emotivo e si fa carico spesso di somatizzare nodi e conflitti. In cardiologia si sta studiando la correlazione tra depressione e patologie cardiache ed è noto da tempo il legame tra infarto e personalità di tipo A (competitiva, performante, anaffettiva). Ma anche nei casi di manifestazioni più leggere, il cuore con i suoi battiti irregolari, le extrasistole, la tachicardia, la bradicardia, ci parla di una difficoltà ad armonizzare il nostro ritmo interno con quello dell'ambiente esterno. La pressione arteriosa, con i suoi sbalzi, è altrettanto sensibile alle emozioni e all'ansia, ci parla di un tentativo di irrigidirci di fronte all'ignoto o alle emozioni intense che tentiamo di controllare (ipertensione) oppure di una tendenza a essere cedevoli, sottomessi, remissivi di fronte alla realtà (pressione bassa).

E anche il **sistema muscolare e scheletrico** con dolori, affaticamento, contratture, infiammazioni varie, interviene a gamba tesa a fermarci dall'iperattività e fa parlare il corpo, che ci chiede, attraverso il dolore, di prenderci cura di noi in un modo diverso, più accogliente, morbido.

Le **patologie autoimmuni**, che stanno così aumentando negli ultimi anni, ci parlano di un sistema immunitario in tilt, che non sa più riconoscere il sé dal non-sé, l'alleato dal nemico da attaccare (virus, batteri), ma che invece attacca il corpo stesso, producendo anticorpi contro certi organi e tessuti. E questo spesso porta con sé un atteggiamento simile nella persona che ne soffre.

Naturalmente ci sarebbe un trattato da fare per ogni organo e non è questa la sede. Per questo nelle mie sedute dedico sempre molto tempo al corpo e a decodificare i segnali che lancia, perché ciascuno è differente e uno stesso sintomo, calato nella specifica vita e storia di una persona, ha un significato diverso che per chiunque altro. Ma in ogni storia, in tutti questi anni, ho sempre riscontrato che la malattia vuole comunicarci qualcosa e vuole raggiungere uno scopo. Quando dico scopo, non intendo un obiettivo lucidamente scelto e cosciente. Si tratta di un **beneficio secondario, inconscio,** che otteniamo involontariamente dall'essere malati o sofferenti fisicamente, e che ci permette di soddisfare un certo nostro bisogno che non abbiamo espresso, perché non ne siamo pienamente consapevoli, o un certo desiderio che non ci concediamo. In ogni caso, deleghiamo il fisico a farsene carico e a trovare una soluzione alternativa esprimendolo con un linguaggio analogico, simbolico e corporeo.

> *Quando ho esagerato con lo stress mi scoppia un'emicrania terribile e allora crollo... Mi chiudo in camera per tutta la sera al buio e in silenzio. Mollo tutto... La cena, la casa... Ci penserà qualcun altro e va bene così.*

Il beneficio secondario può essere il bisogno di delegare, come in questo caso, o una comunicazione non verbale di qualche esigenza che non esprimiamo a parole, o semplicemente attraverso un disagio fisico o una malattia ci sentiamo più giustificati a non fare, ci diamo il permesso di mollare la presa. Decodificando questo linguaggio, e dandoci i permessi che ci neghiamo e riconoscendoci i diritti che abbiamo, anche con l'aiuto di un esperto psicosomatista, potremmo sciogliere non solo il sintomo e diminuire così la sofferenza fisica, ma anche sciogliere il nodo emotivo che lo aveva causato, riprendendoci la pienezza di vita che ci spetta.

E ORA... FAI PRATICA!

Se ti sei riconosciuto in qualcuna di queste manifestazioni, puoi usare questa autoindagine psicosomatica, per allenarti a scoprire il linguaggio segreto del corpo. Ti raccomando, però, se i sintomi sono invalidanti o ricorrenti, di approfondire le indagini, sia dal punto di vista medico sia con uno specialista esperto in psicoterapia psicosomatica e psiconeuroendocrinoimmunologia (PNEI).

Autoindagine psicosomatica

1. Non chiederti perché. Chiediti: Come mai proprio ora? Trova delle correlazioni di senso tra il sintomo e qualche situazione che stai vivendo in modo stressante.

2. In quale occasione oggi o nei giorni scorsi non ho ascoltato quel piccolo segnale che il corpo mi ha mandato che mi avvertiva che ero vicino la mio limite?

3. Qual è stata la goccia che ha fatto traboccare il vaso e mi ha mandato in crollo?

4. Questo disturbo cosa mi impedisce di fare? Trova dei legami causa-effetto.

5. Cosa invece mi permette di fare, di delegare o di chiedere al mondo?

6. Cosa spero di ottenere con questo disagio? Vai in profondità e pensa soprattutto a benefici psicologici non pienamente consapevoli e rendili consapevoli. Può trattarsi di bisogno di attenzione, di riposo, di non fare nulla senza sentirti in colpa, di tornare un po' bambino, di essere riconosciuto nei tuoi sforzi, di essere dispensato da altri lavori, dalla vita sociale, o dall'attività sessuale ecc.

7. Come reagisce mio marito/mia moglie/i miei genitori/mio figlio/il mio capo/il mio amico… quando io sto così?

8. Che persona sarei senza questo sintomo in questo momento? (Cosa potrei fare se fossi libero da questo dolore?)

9. Che immagine ho di me quando ho questo disagio?

10. Che emozioni provo quando sto così?

11. Se la parte del mio corpo che sta somatizzando (stomaco/cuore/pancia/cervicale/schiena/testa/pelle...) potesse parlare, cosa mi direbbe?

Una lettera al tuo corpo

Prenditi un po' di tempo e scrivi una lettera di intenti al tuo corpo. Individua 5 buoni propositi che hai intenzione di mantenere riguardo alla cura e alla protezione amorevole della tua salute fisica. Revisiona e modifica spesso questa lista, che cambierà insieme alla tua capacità di prenderti cura di te.
a) Mi impegno a...
b) Ho intenzione di...
c) Prometto al mio corpo...
d) …
e) …

Ti invito a usare spesso queste domande e questi esercizi, tutti insieme o scegliendone uno o più, ma fallo ogni volta che stai male fisicamente: primo, perché il corpo è sempre nel presente, e questa indagine su te stesso può dare risposte differenti ogni volta; secondo, perché più ti alleni ad ascoltare il tuo corpo, più sarà semplice e le risposte saranno più precise, a mano a mano che ti fiderai del tuo meraviglioso e intelligentissimo strumento corporeo.

L'empatia e i confini

Anche l'oceano ha dei confini.
N. Travaini, *L'anima sottopelle*

Empatia: croce e delizia degli ipersensibili

Tutti gli scritti che parlano di alta sensibilità sottolineano come caposaldo la forte spinta a empatizzare con gli altri, a comprenderne gli stati d'animo, ad anticipare i bisogni e a leggere il linguaggio non verbale delle persone cogliendo così immediatamente il clima emotivo di ogni ambiente con cui entriamo in contatto.
Spesso l'empatia viene definita come la capacità di mettersi nei panni altrui. Anche se è una definizione semplicistica. Possiamo capirne qualcosa di più confrontandola alla simpatia e all'antipatia.

- L'empatia è: "Percepisco-capisco cosa provi, cosa pensi e cosa stai per fare, ma non è detto che io provi le stesse cose, pensi quello che pensi tu o voglia agire come te".
- La simpatia è: "Condivido i tuoi pensieri e le tue azioni e vorrei fare come fai tu".
- L'antipatia è: "Percepisco le tue sensazioni-emozioni e vorrei fare l'opposto di ciò che fai tu".

Così, vediamo che l'empatia è il presupposto per tutto, sia della simpatia che dell'antipatia. Ma l'empatia da sola, come competenza squisitamente relazionale, è un'altra cosa ed è tutt'altro che semplice da gestire. Una maggior empatia è legata a una maggiore intelligenza emotiva, che a sua volta non è la stessa cosa dell'intelligenza misurata dal QI.

Si è parlato tanto di empatia a livello filosofico o sociale e con il termine empatia si scivola anche su territori poco ortodossi, confondendo questa competenza con altri aspetti al limite della scienza.

Nel mio lavoro, invece, amo basarmi su solide radici scientifiche, e recentemente sono state fatte molte ricerche sull'empatia, dimostrando sperimentalmente che osservare una persona che prova un'emozione stimola nell'osservatore le medesime aree del cervello che si attivano quando egli stesso prova quell'emozione. Facciamola semplice: vedo una persona piangere, mi viene da piangere; vedo una persona indignarsi per un'ingiustizia, mi arrabbio; vedo un bimbo ridere, mi viene da sorridere.

È stato il neuroscienziato italiano Giacomo Rizzolatti a fare questa scoperta, individuando nei **neuroni specchio** i responsabili di questa capacità. La risonanza magnetica funzionale (fMRI, *Functional Magnetic Resonance Imaging*) e le prove di *neuroimaging* attualmente usate nella ricerca scientifica hanno individuato una regione specifica del nostro cervello che presiede a questo fenomeno: i neuroni specchio dell'insula anteriore, che si attivano esattamente in egual misura sia per esperienza diretta (se io provo un'emozione) sia per esperienza indiretta (se vedo un'altra persona provare quell'emozione).

Mi basta vedere un sopracciglio alzato, una smorfia impercettibile per capire un mucchio di cose. La persona interessata magari non si accorge nemmeno di aver dato così tanti segnali, ma io li capto tutti.

Questo sistema neuronale è quello che ci permette di apprendere un comportamento solo osservandolo e di riuscire a percepire i vissuti delle altre persone interagendo con loro. Secondo Rizzolatti questi neuroni specchio sono alla base della nostra intelligenza sociale e della nostra empatia.

Ma c'è di più. È il maggiore o minore funzionamento del mecca-

nismo specchio di questi neuroni che determina la maggiore o minore capacità empatica e sembra che l'empatia abbia una base neurofisiologica.
Possiamo ipotizzare che nelle PAS, le quali hanno dimostrato un'attivazione superiore alla media in queste aree cerebrali, i neuroni specchio funzionino a un livello più alto?
È solo un'ipotesi, ma sarebbe interessante da approfondire con ricerche incrociate. Di certo, dice Rizzolatti "La scarsa empatia deriva da un meccanismo specchio non pienamente funzionante, ma questo cattivo funzionamento può anche derivare da un'eccessiva concentrazione su di sé, che nel linguaggio psicologico definiamo "narcisismo". Quello che emerge dagli studi è che come esseri umani siamo programmati a empatizzare, a comprendere gli stati d'animo altrui, a creare comunanza tra individui, ma che questa dote innata è decisamente più spiccata in alcune persone rispetto ad altre.
In queste persone in cui questa tendenza è più marcata – sono forse le persone altamente sensibili? – il secondo passaggio, per nulla scontato, sarà gestire questa dote perché resti una risorsa e non diventi un'arma a doppio taglio.

È inutile dire che l'empatia è una cosa buona...non c'è niente di buono nel sentire tutto!

Più empatici, più stressati

I soggetti dotati di una forte empatia risentono maggiormente dello stress, sono più propensi a provare sentimenti di tristezza e sarebbero più vulnerabili alla depressione.
Un nuovo studio suggerisce che uno spiccato talento per la comprensione dei sentimenti altrui a volte può essere accompagnato da un sovrappiù di stress.
In effetti, lo studio si aggiunge a una precedente ricerca che suggeriva l'esistenza di un lato oscuro dell'intelligenza emotiva: uno studio pubblicato nel 2002 aveva infatti indicato che le persone

emotivamente più sensibili potrebbero essere particolarmente suscettibili a sentimenti di esaurimento e ansia.

Per comprendere esattamente qual è il rapporto tra intelligenza emotiva e stress saranno necessarie ulteriori ricerche, ma come PAS sappiamo che esiste una base di verità in questo aspetto.

Tutti noi consumiamo una quantità abnorme di energia psichica nel comprendere gli altri, analizzare i nessi causa-effetto nei comportamenti, anticipare i rischi delle situazioni, riflettere sulle conseguenze del nostro agire. Spesso dimentichiamo che il nostro organismo ha una quantità limitata di risorse energetiche, così come ogni altro sistema. Ci ricordiamo di ricaricare il cellulare ogni giorno, giusto? Sappiamo che ha una batteria che si esaurisce con l'uso. Perché allora ci dimentichiamo di fare lo stesso con noi stessi? Se dobbiamo prestare attenzione a ogni piccola sfumatura emotiva dell'ambiente ci resterà poca energia per il resto e alla fine della giornata saremo esausti.

Diversi tipi di empatia

In psicologia si parla di:

- **empatia cognitiva**, legata alla comprensione concettuale degli stati mentali degli altri;
- **empatia affettiva**, ossia la capacità di condividere o "attivare" al proprio interno lo stato d'animo altrui;
- **cura empatica**, ossia il sentimento di sollecitudine verso chi è in uno stato di sofferenza, che porta ad agire per alleviarne il disagio.

Sono tre competenze molto diverse, gestite anche da circuiti neuropsicologici diversi.

E se molte persone possiedono la prima (posso immaginare come ti senti), molte meno possiedono la seconda (mi immedesimo e sento quello che senti tu) e ancora meno la terza (capisco, sento e agisco per alleviare il tuo dolore).

Retorica la domanda di dove ci collochiamo noi ipersensibili.

> *Vedere i clochard in città o sui mezzi pubblici che chiedono l'elemosina mi devasta...O fingo di non vedere, chiudo gli occhi... oppure devo per forza dare qualcosa perché mi sembra di provare dolore fisico al posto loro.*

Empatia e dolore

Alcuni studi recenti confermano che l'empatia e la percezione del dolore sono gestiti dagli stessi circuiti neuronali.
Cosa significa in parole semplici? Che vedere una persona che soffre, ci fa sentire dolore in prima persona. I circuiti cerebrali che regolano l'empatia nei confronti del dolore altrui sono parzialmente sovrapposti a quelli che modulano la sensibilità al dolore provato in prima persona.
Tanto che se riduciamo la percezione del dolore, si riduce anche la capacità empatica di percepire il dolore dell'altro.
Diversi studi, basati sull'analisi delle immagini cerebrali ottenute con la risonanza magnetica funzionale, avevano mostrato che la partecipazione al dolore altrui attiva due aree: insula anteriore e corteccia del cingolo anteriore mediale, che sono fortemente attivate anche quando si prova il dolore in prima persona. Questo fenomeno è stato considerato un indizio del fatto che l'empatia si basi su una simulazione cerebrale del dolore altrui, ossia sull'evocazione della stessa rappresentazione mentale dell'emozione con cui si empatizza, che viene evocata anche quando la si sperimenta in prima persona.
Questa potrebbe essere la **base neurobiologica della nostra intolleranza come PAS verso immagini e notizie dolorose,** catastrofiche o violente, la nostra difficoltà a rimanere neutrali se vediamo anche solo in Tv persone che soffrono e la nostra predisposizione a essere una buona spalla su cui piangere.

Ma c'è un altro ruolo dell'empatia verso il dolore. Proprio perché c'è una sovrapposizione seppur parziale degli stessi meccanismi neurologici, creare un contatto fisico empatico con una persona che sta soffrendo sembra funzionare come **antidolorifico.**

> *Quando sto male mi basta che mio marito stia lì con me, senza dire nulla, magari che mi abbracci e mi sento meglio.*

Sfiorare, toccare, carezzare e abbracciare una persona che ha un dolore fisico o psichico, anche senza parlare, comunica empatia e funziona da antidolorifico riducendo la percezione del dolore in chi sta soffrendo e lo allevia fino a farlo scomparire.
In questo studio pubblicato su "Nature Scientific Reports", addirittura viene detto che più empatico è il partner, più forte sarà l'effetto analgesico, e maggiore la sincronizzazione tra i due soggetti quando sono in contatto.
Quante volte ci siamo sentiti dire: "Dopo aver parlato con te sto meglio!" o anche "Solo a vederti mi dai energia!".
Ecco un altro dono degli ipersensibili: **facciamo bene**!
Ok, care "personcine" altamente sensibili: è un dono prezioso e come tale va amministrato con cura.

Il lato oscuro dell'essere speciali

Per citare *Star Wars*: dove c'è la forza c'è anche il suo lato oscuro. E anche l'empatia e la sensibilità ne hanno uno.
Cassandra è un personaggio della mitologia greca che a volte viene citato per parlare delle persone altamente sensibili.
Secondo il mito, il Dio Apollo, per guadagnare l'amore di Cassandra, decise di farle un dono divino, ovvero donarle la dote profetica. La donna però, sacerdotessa vergine, una volta ricevuto il dono, si rifiutò di concedersi ad Apollo, il quale sputò sulle sue labbra per condannarla a rimanere inascoltata per sempre. Fu Cassandra a predire la caduta della città di Troia e fece di tutto per far capire ai troiani che il famoso cavallo di legno non era un dono ma una trappola: lei lo intuiva, lo percepiva. Nonostante nessuno

le credesse, continuava a invocare la sua visione, pur sapendo che tali verità l'avrebbero segnata per sempre e inevitabilmente come pazza, portatrice lei stessa delle sventure che vedeva incombere su tutti. Mi raccomando: non confondere l'empatia e l'alta sensibilità con altri aspetti come la sensitività o la preveggenza, che nulla c'entrano con questo aspetto! Il punto è un altro.
Cassandra è qui il simbolo della incomunicabilità di ciò che sentiamo come verità dentro di noi, ma anche l'esempio della nostra incapacità, a volte, a usare adeguatamente le nostre risorse.
Il **disperato bisogno** con cui talvolta vogliamo essere ascoltati o capiti è la conseguenza del fatto che noi per primi non riteniamo valido il nostro sentire e cerchiamo approvazione all'esterno. Siamo noi stessi spesso i primi a non credere alla nostra verità e ci arrabbiamo se non troviamo appoggio all'esterno.
In alternativa, ecco **l'arroganza di sentirsi speciali**: sono gli atri a essere sbagliati o inadeguati! Ma questa è esattamente la nostra ferita e ribaltarla non aiuterà.
Il **vittimismo** è un altro demone da tenere a bada. La vita non va male perché siamo ipersensibili. Le cose non vanno secondo i nostri desideri perché ancora non abbiamo imparato a valorizzare e usare bene questa caratteristica. Vedersi sempre passivi nelle situazioni non fa che accrescere frustrazione e risentimento. Diverso è essere consapevoli che saremo sempre, durante tutte le esperienze della vita, più delicati, più aperti e ricettivi e quindi più bisognosi di auto-cure (*self-care*).

L'ultimo è un aspetto che a volte riscontro in alcune persone altamente sensibili: la tendenza a **giustificare tutto con la sensibilità**. "Me la sono presa, perché sono sensibile", "Sono andato via, perché sono sensibile", "Gli ho risposto/non gli ho risposto così, perché sono sensibile", "Non posso fare niente, perché sono ipersensibile".
Alt! Facciamo un bel respiro e riflettiamo.
Diventare interi e prendere sempre più consapevolezza di cosa è l'ipersensibilità e di come questa caratteristica vive dentro di noi ha lo scopo di portarci a essere sempre più aperti, solidi e capaci di pren-

derci cura e responsabilità della nostra vita. Questo significa che se mi comporto male o ferisco qualcuno, non è corretto giustificarmi con la mia ipersensibilità, come se questo mi desse un bonus per dire/non dire o fare/non fare certe cose. Allo stesso modo se qualcuno mi offende o mi manca di rispetto è giusto sostenere i miei diritti senza tirare in ballo altro: la mia sensibilità non c'entra nulla, è una semplice questione di rispetto umano.

A mio parere, questi aspetti "ombra" dell'ipersensibilità non sono stati finora sufficientemente trattati, perché si è dato più spazio alla tendenza delle PAS a sentirsi incomprese e isolate: tuttavia ritengo sia corretto considerarli, esserne consapevoli e, nel caso ci riguardino anche solo in parte, lavorare per smussarli.
Sappiamo che non è facile, è una pratica costante di osservazione, di "limatura" degli eccessi e di ricentratura di sé. Ma giorno dopo giorno ci accorgiamo che il risultato vale l'impegno.

Confini labili

> *Quando sono felice e mia moglie invece è triste, mi arrabbio con lei perché mi sembra che mi tolga felicità.*

Come PAS siamo anche **altamente permeabili**. Emozioni, vissuti, situazioni, conflitti, convinzioni, giudizi: sembrano poter superare la barriera della nostra identità e incastrarsi profondamente dentro di noi. A volte siamo spugne, che assorbono l'atmosfera di un ambiente o gli umori di altre persone, anche se le cose non ci riguardano. È uno degli aspetti più critici dell'ipersensibilità, da imparare a gestire e da coltivare quotidianamente.
La pelle del corpo umano è **semi-permeabile**: né impermeabile né totalmente permeabile. È cioè una barriera intelligente che sa selezionare ciò che deve essere lasciato entrare (ossigeno, idratazione, raggi UV filtrati), ciò che deve essere lasciato uscire (sudore, sali minerali, sebo) da ciò che non deve assolutamente né uscire né

entrare. Se l'epidermide non sapesse fare questo saremmo esposti a virus e contaminazioni in ogni momento e allo stesso tempo moriremmo disidratati o ustionati.

Così come esiste una pelle fisica, esiste anche una pelle psichica. **Lavorare sui confini significa rinforzare la nostra pelle psichica, la pelle della nostra sensibilità.**

Mettere dei limiti non vuol dire snaturare la nostra alta sensibilità o diventare duri, ma diventare **saggiamente selettivi** su ciò che vogliamo far entrare e ciò che dobbiamo invece lasciar fuori.

Troppo spesso siamo **sensibili alle emozioni altrui** e ci facciamo carico dei problemi degli altri, perché la nostra spiccata empatia ci porta automaticamente a questo.

Siamo anche **sensibili alle convinzioni degli altri,** che lasciamo entrare come giudizi assoluti e che quindi diventano chiodi nella nostra interiorità. Ma le convinzioni sono solo idee cristallizzate di una persona, soggettive: impariamo a relativizzare e restituire agli altri ciò che è loro senza prenderlo dentro di noi. Questo per molti di noi è un retaggio dell'infanzia, quando il nostro modo di essere non era pienamente compreso e veniva distorto, o svalutato, e per essere accettati ci siamo sforzati di "pensare come pensano gli altri".

Siamo **sensibili alle invasioni**, di diversi tipi. Ci lasciamo dire cosa fare, come essere, cosa è giusto sentire e cosa no, senza mettere i nostri limiti e accumulando poi frustrazione. Fino all'estremo di lasciarci usare per il nostro atavico bisogno di sentirci utili.

Siamo **sensibili alle proiezioni** altrui, e lasciamo che alcune persone proiettino su di noi aspetti di loro stessi difficili da accettare: poiché sappiamo stare con i lati anche meno belli dell'essere umano e di noi stessi, spesso diventiamo involontari cestini svuota-tutto per i difetti e i lati meno belli degli altri:

> *Quando discuto con mia madre, anche se ho ragione io, e anche se lei mi ha ferito o mi ha mancato di rispetto buttando addosso a me il suo stress ingiustamente, io alla fine mi faccio mille domande e mi torturo pensando a cosa avrei potuto fare per evitarlo o per fare meglio.*

Siamo **sensibili alle fascinazioni e alle idealizzazioni** di situazioni e persone da cui possiamo, in casi estremi, diventare dipendenti.

> *Sono attratto inevitabilmente da donne fredde, che da un lato mi piacciono proprio per la loro immagine di forza e distacco, dall'altro poi mi feriscono continuamente perché sono insensibili ed egoiste.*

Facciamo tutto questo perché come ipersensibili siamo nati con delle antenne precisissime per captare i messaggi non detti, sotto soglia, e già da bambini questo ci ha addestrato a sentire, prima che potessimo parlare o avere delle strategie cognitive per contenere ciò che sentivamo. Abbiamo anche appreso a chiederci troppo spesso se andiamo bene o se c'è qualcosa che non va in noi e siamo quindi abituati più di altri a metterci costantemente in discussione, anche quando non siamo coinvolti; ci interroghiamo sulle nostre responsabilità, anche se non abbiamo colpe; riflettiamo a lungo su ogni cosa, perché per noi è importante arrivare al senso profondo; facciamo salti mortali e a volte peggioriamo le situazioni solo per non incappare in uno scontro, poiché ogni dissidio ci crea un nodo strettissimo nel petto o nella gola.
Dalla mia esperienza questi sono alcuni dei motivi per cui ci viene tanto difficile mettere limiti:

- facciamo fatica a dire no;
- facciamo fatica a esprimere disaccordo senza sentirci in difetto;
- facciamo fatica a esprimere preferenze;
- ci sentiamo egoisti se lo facciamo;
- ci sentiamo cattivi se lo facciamo;
- ci sentiamo in colpa se lo facciamo;
- abbiamo paura dello scontro e del conflitto;
- abbiamo paura di essere rifiutati, esclusi, respinti;
- abbiamo paura di essere abbandonati;
- abbiamo paura di perdere l'immagine di persone sensibili;
- abbiamo bisogno di compiacere gli altri;
- abbiamo bisogno di essere approvati.

Tutti questi aspetti si fondano su tre pilastri, che dovrai rinforzare:

- la tua autostima come individuo, il tuo valore, indipendentemente da ciò che fai, e il fatto di avere diritto alla felicità e al successo;
- il tuo valore come persona altamente sensibile;
- la tua assertività, cioè la capacità di portare avanti le tue scelte e dire i tuoi sì e i tuoi no.

Lavorare per consolidare questi aspetti è qualcosa che implica tempo e non può essere risolto con la lettura di un libro. Ma troverai alcuni suggerimenti ed esercizi più avanti.

Parola d'ordine: contenimento

Io amo questa parola: contenimento. È un concetto squisitamente psicologico che nasce dalle teorie di Winnicott, pediatra e psicoanalista inglese, e in particolare da uno dei suoi concetti chiave: l'*holding*.
To hold significa letteralmente "tenere" e *holding* indica il tenere con una certa continuità e, con accezioni più forti, tenere chiuso, costringere. Ma il termine in psicologia implica competenze molto complesse e importanti. Proverò a spiegare il contenimento con un'immagine che uso spesso nei miei corsi.
Immaginiamo una bottiglietta d'acqua, di quelle da mezzo litro che tutti noi teniamo sulla scrivania, in auto o in borsa. Quella bottiglia è certamente un *contenitore* per l'acqua, ma anche un bicchiere, lo sarebbe, anche una ciotola, e anche le mie mani potrebbero esserlo. Ma quella bottiglia fa un **buon contenimento** all'acqua, che i semplici contenitori non fanno:

- la protegge dall'inquinamento esterno, con la plastica e con il tappo;

- la protegge dal disperdersi ovunque, avendo la superficie integra e il tappo ben funzionante;
- la limita, in quanto quella bottiglia contiene 500 ml e non 2 litri;
- la valorizza, perché quella bottiglia qualifica l'acqua come buona e pura e non acqua di scarto.

Un altro esempio può essere il letto di un fiume: gli argini proteggono il fiume dallo straripamento; proteggono le persone dal caderci dentro; delimitano il percorso dell'acqua e lo valorizzano rendendolo bello, navigabile, balneabile.

Fare contenimento è qualcosa che noi PAS dobbiamo imparare il più presto possibile e coltivare per tutta la vita.
È necessario **fare contenimento alle emozioni** quando diventano dilaganti, fuori controllo, eccessivamente intense, quando ci soverchiano, quando invece di guidarci ne siamo completamente in balìa. È necessario **fare contenimento alle sensazioni**, quando captano così prepotentemente la nostra attenzione tale da distrarci dalle nostre azioni. È necessario **fare contenimento ai pensieri**, quando diventano ricorsivi, rimuginanti e sequestrano la nostra lucidità impedendoci di avere dei comportamenti appropriati.
Winnicott descriveva il contenimento che la mamma fa al neonato: tenendolo tra le braccia, attraverso il contatto fisico, lo protegge e gli da dei feed-back corporei per cominciare a percepire i propri confini. Dove la pelle della mamma incontra la pelle del bimbo, lì si comincia a formare quella pelle psichica che dicevamo, e il piccolo impara a percepirsi, a riconoscere l'altro da sé, a sentirsi e a fidarsi di sé e del mondo. Anche quando il bimbo sarà più grandicello, la guida della mamma, non più solo fisica, ma anche con parole amorevoli, parole di sprone (per esempio: "Che bravo che sei!", "Che bello questo gioco che hai inventato!") costituirà un buon contenimento. E addirittura quando la madre dirà un fermo "no" a qualche richiesta pericolosa del piccolo o

dirà per esempio: "Adesso basta, non puoi mangiare un altro gelato perché poi avresti male al pancino, quindi non insistere. Domani se vorrai torneremo in gelateria"... Anche queste sono modalità di fare contenimento. Ricordiamo che contenere significa anche evitare di superare un limite pericoloso o dannoso per noi.

Da bambini, è chi si prende cura di noi a farlo, ma da adulti siamo noi a dover imparare **l'arte del contenimento di noi stessi.** Come? Ricordando spesso che sensazioni, emozioni e pensieri sono **parti** di noi, non sono noi.

- Io ho un pensiero, non sono un pensiero.
- Io ho un'emozione, non sono quell'emozione.
- Io ho un dolore fisico, ma non sono totalmente invaso da quel dolore.

Così facendo, cominciamo, per esempio, a mettere una distanza tra noi stessi e la nostra tristezza (che è dentro di noi, ma non è noi), possiamo prenderci cura di quella emozione difficile, eccessiva, spinosa, contenendola come se fossimo la mamma (o il papà) di quella parte piccina e delicata di noi, che in quel momento è alla deriva, fuori controllo, sta superando un limite difficile da gestire, sta sequestrando energie e lucidità.
Comincia a praticare le quattro funzioni dell'**autocontenimento**:

1) proteggi la sensibilità dal mondo esterno, quando eccessivo o invasivo;
2) proteggi la sensibilità dal rischio di "darsi" eccessivamente e disperdere energie;
3) metti un limite alla sensibilità, quando ti identifichi totalmente con una sensazione, un'emozione o un pensiero;
4) valorizza la sensibilità, smettendo di metterla in discussione e considerandola come un dato di fatto del tuo essere e come una risorsa.

Dire no

Dire no è uno dei modi per fare un buon contenimento. E intendo, sia dire no a certe richieste che ci arrivano dall'esterno e che non sappiamo rifiutare – pur intuendo che ci faranno male – sia dire no a certe nostre aspettative interne di essere diversi da ciò che siamo. Anzi, dalla mia esperienza, direi che la maggior parte delle pressioni che sentiamo ci derivano dal secondo caso.
E per noi persone altamente sensibili, esprimere un no, anche quando abbiamo buone ragioni per farlo, non è facile.
Nel suo libro *Le persone sensibili sanno dire no*, Rolf Sellin attribuisce questa difficoltà (che non è solo in noi HSP) al nostro atavico bisogno umano, esistente fin dalla preistoria, di appartenere a una tribù, a un gruppo, per poter sopravvivere, poiché l'individualismo e l'isolamento sociale avrebbero condotto a morte certa.

Ma come mai abbiamo inconsciamente sovrapposto il no con l'essere esclusi?
Purtroppo la cultura, l'educazione e la religione hanno connotato pesantemente il no, attribuendogli significati diversi, spesso distorti. Eppure lo stesso Gesù diceva: ama il prossimo tuo come te stesso. Quindi prima devi saper amare te stesso, poi amerai gli altri come ami te. Come mai tutto è stato travisato?
Probabilmente la struttura sociale sente una minaccia alla propria organizzazione nel fatto che ogni persona si possa domandare: ma io desidero davvero questa cosa? Ma io sto davvero bene qui? Ecco allora che per evitare la dissidenza su ogni cosa e la costante ribellione, nel corso dei secoli è stata fatta passare l'idea che il no è negativo, è egoista e distruttivo.
Sappiamo bene i danni che questo "lavaggio del cervello" ha fatto in tutti noi, e non solo negli ipersensibili. Il risultato è che, anche quando subiamo delle chiare ingiustizie, stiamo in silenzio perché abbiamo atrofizzato il muscolo del no. Quando ci aggrediscono anche solo verbalmente, ci paralizziamo invece di affermare con diritto: non ti permetto di parlarmi in questo modo!

Quando ero molto piccola era in uso una filastrocca: *No è parola brutta brutta che il rimorso e il pianto frutta.* A volte veniva detta a noi bimbi dagli adulti con lo scopo di farci obbedire. Per fortuna a me, che ero già una bambina con un pensiero divergente, di tutta la filastrocca rimaneva in mente solo l'ultima parola "frutta" (dal verbo fruttare, che però io non conoscevo) e immaginavo della succulenta frutta per merenda. Nonostante questo, qualche cosa di quella cantilena mi si deve essere infilato tra le pieghe dell'inconscio, perché per molti anni, anche da adulta, sentivo profondamente che dire no era qualcosa di *brutto brutto* e ho avuto le mie belle difficoltà per conquistare la capacità di esprimere il mio dissenso.

Virginia Satir, psicoanalista americana, diceva che sì e no sono entrambe belle parole, parole amorevoli.
Sì significa: "**Grazie, quello che mi chiedi va bene per me**".
No significa solamente: "**Grazie per aver pensato a me, ma ciò che mi chiedi non va bene per me**".
Quando ho letto questo suo punto di vista, mentre studiavo all'Università, ho pianto, e lì ho capito che qualcosa di duro e doloroso, molto profondamente si era sciolto e mi sono sentita così leggera e piena di gratitudine per quelle parole.
Prova a fermarti un attimo, rileggi e rifletti. Non l'avevi mai guardata sotto questo punto di vista vero? Detta in questo modo è molto più semplice vedere che sì e no sono parole di uguale valore e di uguale utilità e che hai il diritto di usarle entrambe.
Permetterci di dire no è una competenza da acquisire per noi PAS ed è qualcosa di cui bisogna aver cura quotidianamente, come una piantina da rafforzare e da mantenere in buona salute.
La capacità di esprimere i nostri no deve essere ripulita da tutti i vissuti di cui l'abbiamo infarcita:

- sensi di colpa (cosa succederà dopo il mio no? Chi ne soffrirà?);
- paure irrealistiche (mi licenzierà, mi lascerà, non mi parlerà più, mi eliminerà dalla sua vita);
- egoismo (dire no è pensare solo a se stessi);

- giudizi (se dico no, sono cattivo; se dico no, il mio amore non è abbastanza forte);
- vergogna (chi mi credo di essere per dire no?).

La difficoltà a dire no è anche legata alla paura del conflitto, al timore che esprimendo il dissenso si apra una voragine che ci risucchierà all'interno di una discussione, un litigio, a cui spesso non sappiamo rispondere con lucidità e centratura.
Dire sì, quindi, a volte è un'abitudine legata alla poca abilità di negoziare i propri diritti: anche se più frustrante, per molti di noi, è più facile essere accondiscendenti e sottomessi, accumulando però risentimento e stress.

"No" – così come "sì" – e "non voglio" – così come "voglio" – sono semplicemente espressioni verbali di uno dei principali bisogni dell'essere umano: il bisogno di essere autonomo, affermativo, di proteggere i propri diritti e saperli sostenere.
Questa competenza inizia a formarsi da piccoli, tra i 18 mesi e i 3 anni, quando il bimbo, attraverso i suoi sì e suoi no alle proposte che gli vengono fatte dagli adulti, comincia a impostare il proprio carattere e a misurare le proprie possibilità di azione all'interno delle relazioni: fino a dove posso provare a spingermi? Fino a che punto la mamma ci starà? Come reagiscono gli adulti alle mie sfide? Dal modo in cui l'ambiente risponde a questi esperimenti di autonomia del bambino dipenderà il suo imprinting rispetto alla propria capacità di imporsi.
Saper dire dei sinceri no significa saper dire dei sinceri sì. In caso contrario non sapremo mai se siamo autentici nelle nostre scelte.

Ricordiamo le parole della Satir: dire no significa soltanto che ciò che ti viene proposto non rientra nelle tue opzioni al momento o va contro i tuoi bisogni.

Puoi imparare a esprimere un no-positivo e a proporre delle alternative. Vai agli esercizi specifici (vedi p. 85).

La paura dei conflitti

Affrontare un confronto, una discussione, uno scontro o un litigio è un altro dei temibili mostri degli ipersensibili.
Molti di noi hanno affinato tecniche di evitamento, per mimetizzarsi, nascondersi e scappare da situazioni "elettriche" che possono esplodere.
Naturalmente abbiamo un talento speciale nell'individuarle precocemente, annusando il clima teso ancor prima che gli altri si rendano conto che qualcosa non va.
Altre PAS invece usano "la tattica di non avere tattiche" e vanno "senza pelle" dentro alle situazioni difficili, sperando che vada tutto bene o facendo affidamento sulle doti di sensibilità e empatia delle altre persone, che però per la maggioranza non sono altamente sensibili.
In entrambi i casi ci comportiamo come animali spaventati, usando solo il nostro cervello più primitivo, il cervello rettile. E sappiamo tutti che un animale spaventato ha solo due scelte: fuggire o aggredire per primo.
Se ci riconosciamo in una di queste due situazioni, è perché siamo schiavi di questo meccanismo automatico e dobbiamo riprenderci la libertà di poter fare delle scelte diverse. Possiamo imparare molte tecniche di assertività e anzi consiglio a tutti di farlo.

Ne indicherò qui alcune per affrontare un disaccordo, che ho sperimentato e modificato nel tempo, ispirate al lavoro della psicologa Olga Castanyer.

La tecnica del disco rotto

Consiste nel ripetere con calma, varie volte, il proprio punto di vista senza cimentarsi in discussioni e senza reagire a eventuali provocazioni dell'interlocutore. Importante: il tono di voce e i modi devono essere autentici, caldi e calmi altrimenti rischiamo di essere provocatori e di alzare la tensione.

– Per colpa tua non rispettiamo la scadenza!
o Dovevo finire un altro lavoro urgente.
– Sì, ma adesso siamo in ritardo!
o Oggi ho dovuto dare la priorità a un altro documento.
– Hai sempre una scusa!
o So che può sembrarti una scusa, ma ti ripeto che oggi era necessario chiudere quel lavoro rimasto in sospeso.

Il rinvio assertivo

Utile per noi PAS quando non sappiamo cosa rispondere sul momento perché ci sentiamo pressati o invasi dalle emozioni o dall'ansia:
– Arriviamo sempre tardi dai miei genitori per colpa tua!
o Dovevo finire un lavoro.
– Sì, ma hai sempre una scusa!
o Senti, è un argomento spinoso e siamo stanchi. Se ti va, lasciamolo un momento da parte e ne riparliamo domattina.

Esplicitare lo stato d'animo

Questa tattica fa leva sulla nostra naturale capacità di decodificare le emozioni nostre e altrui.
– Arriviamo sempre tardi per colpa tua!
o Dovevo finire un lavoro.
– Sì, ma hai sempre una scusa!
o Mi sembri molto arrabbiato, penso sia meglio parlarne più tardi.

Attenzione: perché funzioni sono necessarie due condizioni. Primo, il tono e il modo gentile e caldo; secondo, che l'interlocutore non neghi i propri stati d'animo e non attui meccanismi di proiezione e manipolazione. In questo caso può essere più utile e protettivo per noi PAS rispondere:
o Il tuo modo di parlarmi mi agita molto, vorrei discuterne quando siamo entrambi più tranquilli.

L'accordo assertivo

Significa cedere un po' di terreno all'interlocutore, mettendo bene in chiaro che fare un errore ed essere una persona buona o cattiva sono cose diverse, cioè si può discutere sul comportamento, ma non sulla persona:
– *Per colpa tua non rispettiamo la scadenza!*
o *Dovevo finire un altro lavoro urgente.*
– *Sì ma adesso siamo in ritardo!*
o *Ti ripeto che oggi ho dovuto dare la priorità a un'altra pratica.*
– *Hai sempre una scusa!*
o *È vero, saremo in ritardo, ma lo sai che di solito sono puntuale e ci tengo anche io a essere preciso sulle scadenze.*

Queste indicazioni servono ad avere degli strumenti in più per affrontare le situazioni, ma non devi forzarti a fare o dire cose che non ti risuonano. Prova, sperimenta e dopo decidi. L'importante è che tu trovi un comportamento assertivo che ti faccia stare bene, che sia in sintonia col tuo essere e che non ti imponga di snaturarti.

E ORA... FAI PRATICA!

Empatizza ma risparmiati

Comincia a ragionare in termini di **risparmio energetico** e chiediti in ogni situazione sociale:

- È salutare per me coinvolgermi in questa situazione?
- Sto comprendendo l'altra persona o mi sto sostituendo a lei?
- Sto empatizzando con lei o mi sto prendendo responsabilità non mie?
- Sto tenendo in considerazione anche i miei bisogni o solo quelli dell'altro?
- Quanta energia mi richiede questa relazione/situazione?

- Riesco in ogni caso a rimanere centrato e a curare i miei interessi anche coinvolgendomi in questa situazione?
- Riesco ad accorgermi quando supero il limite di coinvolgimento?

Esercita l'assertività

Ripensa a una situazione in cui ti sei sentito invaso e non hai saputo proteggere i tuoi confini e sostenere la tua posizione. Su un foglio, prova a rispondere a queste domande:

- Quale parola, gesto, comportamento in questa situazione mi ha fatto sentire invaso, ferito, non rispettato, ma non ho fatto nulla per esprimere il mio disappunto?
- Cosa avrei fatto o detto se non fossi così sensibile? Fallo ora. Scrivi la tua verità, con precisione e nei dettagli e descrivi ciò che avresti voluto ma non ti sei permesso. Non colpevolizzarti perché non l'hai fatto prima e sii costruttivo. Per il cervello fare o immaginare sono la stessa cosa, attivano le stesse aree cerebrali. Quindi prenditi un po' di tempo per visualizzare nei minimi dettagli una nuova scena con i medesimi attori ma in cui tu ti comporti nel modo che senti buono per te. E ricorda: più sei preciso e più stai insegnando al cervello una nuova alternativa di comportamento, anche se non l'hai ancora messa in pratica.

Il no in positivo

William Uri, formatore nell'arte della negoziazione, propone uno schema tanto semplice quanto efficace. E il fatto che molti libri siano stati scritti per imparare a dire no, ti dà la misura di quanto sia complicato per tutti, non solo per noi PAS. Quando vuoi esprimere dissenso a una proposta, una richiesta o un'aspettativa esplicita:

1) incomincia con un'affermazione (sì);
2) continua stabilendo un limite (no);
3) termina con una proposta (sì?).

Esempi:
1) Grazie per aver pensato a me
2) In questo momento però non posso prendermi altri impegni.
3) La prossima volta se sarò in un periodo più tranquillo lo farò volentieri.

Sarebbe bello vederci tutte insieme (1), ma per me è impossibile liberarmi negli orari che avete proposto (2). Organizzandoci con più anticipo possiamo provarci settimana prossima (3).

Allenati, allenati, allenati!

Dire no, senza dire no

A volte è proprio la parola no a fare paura, ma ci sono altre parole e altri modi di esprimere un chiaro no senza dirlo apertamente.

Mettere limiti alle richieste
– *Non penso.*
– *Ho altri progetti.*
– *Ho altri impegni.*
– *Vediamo.*
– *Ci penserò.*
– *Non ora.*
– *Preferisco rinunciare piuttosto che farlo male.*
– *Preferisco… (aggiungere ciò che si vuole).*
– *No, grazie (il no protegge, il grazie unisce).*

Dire no ai comportamenti
– *Aspetta un momento.*
– *Non mi va.*
– *Non fa per me.*
– *Non mi va bene.*
– *Non sono fatto così.*

– *Non mi piace.*
– *Per me no.*
– *Per me va bene così.*
– *Per me è diverso.*
– *Non è appropriato.*
– *Basta.*

Se il no è "di pancia"
Se, come spesso capita, il nostro no è viscerale, perché abbiamo una sensazione che ci dice di non acconsentire ma non abbiamo spiegazioni razionali, semplicemente non daremo spiegazioni. Di solito non sono richieste, se non dal nostro senso di colpa.
– *Mi dispiace, non posso.*
– *Mi dispiace non me la sento (senza aggiungere altro).*

Preparati al conflitto (per poterlo evitare)

Ripensa a una discussione non costruttiva in cui avresti voluto agire diversamente. Ogni occasione è una palestra per esercitarsi.

Comunicazione effettiva (descrivi come si è svolta)	Riscrivila con la tecnica "Disco rotto"	Riscrivila con la tecnica "Rinvio assertivo"	Riscrivila con la tecnica "Esplicitare lo stato d'animo"	Riscrivila con la tecnica "Accordo assertivo"

Neuroscienze e nuove scoperte: a che punto siamo?

Forse non tutti sanno che già Carl Gustav Jung, nel lontano 1913, aveva parlato di *Sensitive People,* affermando che esiste una certa sensibilità innata in alcune persone, che determina una particolare predisposizione a percepire le esperienze in modo intenso e sosteneva che eventi con un impatto emotivo forte difficilmente passano senza lasciare traccia nelle persone sensibili.

Nel 1989, lo psicologo Jerome Kagan notò, nei suoi studi su oltre cinquecento bambini appena nati, che 1 su 5 reagiva agli stimoli in modo diverso dagli altri, coniando l'espressione di soggetti *altamente reattivi.* Kagan aveva anche verificato, più in là con gli anni, che questi bambini diventavano poi ragazzi altamente reattivi, ma con una specificità: gli stessi che erano stati neonati agitati, che piangevano e si dimenavano di più, diventavano in realtà adolescenti più inibiti, silenziosi, cauti e riflessivi dei coetanei.

La dottoressa Elaine Aron, in anni recenti, facendo una metanalisi sui dati delle ricerche svolte fino ad allora, trasforma le espressioni *altamente reattivi* e *inibiti* di Kagan e Rothbart e *timidezza infantile* di Daniels e Plomin in *altamente sensibili (Highly Sensitive Person)*, confermando che tali individui rappresentano circa il 20% della popolazione.

La psicologa Ilse Sand, autrice di *Troppo sensibili*, solleva il dubbio che tale percentuale non sia precisa e la lega alle differenze culturali: in Danimarca, per esempio, dove svolge il suo lavoro, afferma che la sensibilità è molto valorizzata, cosicché secondo lei molto più di 1 persona su 5 sarebbe ipersensibile.

Il carattere altamente sensibile è stato riscontrato anche negli animali. I biologi hanno trovato questa caratteristica in più di 100 specie (dai moscerini della frutta, a uccelli, pesci, cani, gatti, cavalli e primati) e in questo senso risulta essere un aspetto innato.

L'alta sensibilità rispecchia sia un differente funzionamento di alcune aree del cervello sia una strategia di sopravvivenza, che caratterizza circa 1/5 della popolazione (anche se questa percentuale potrebbe quindi essere lievemente diversa).

Le persone che hanno tale caratteristica possono elaborare maggiori quantità di informazioni sensoriali: un eccellente aspetto evolutivo che consente di raccogliere dettagli e suggerimenti ambientali sottili. Inoltre, questo tratto è correlato ad alcune capacità come la percezione più alta, l'inventiva, l'immaginazione e la creatività.

La Aron ha ben individuato la differenza tra sensibilità e introversione, spesso usati come sinonimi, creando distorsioni nella percezione di che cos'è realmente l'alta sensibilità. L'ipersensibilià, secondo l'autrice, è correlata all'introversione, ma non è la stessa cosa: esistono infatti HSP estroverse (circa il 30% delle PAS) e questo, secondo i suoi studi, dipenderebbe da quanto il bambino ipersensibile è stato accettato, compreso, supportato e stimolato nella sua caratteristica. Quanto più ciò accade, tanto più si avrà un adulto equilibrato, estroverso e felice; quanto più i il bambino cresce in un ambiente non-sensibile, freddo, o peggio trascurante o maltrattante, tanto più userà il ritiro, la timidezza e l'introversione come difesa.

Già nel 1985, cominciano gli studi per verificare l'ipotesi che questa caratteristica sia innata, dovuta a una particolare neurofisiologia di alcune aree cerebrali, che Gray chiamava *Sistema di inibizione comportamentale*, e viene analizzata l'importanza delle influenze neuro-ormonali durante la vita nel grembo della mamma.

Attualmente, gli strumenti scientifici permettono di indagare anche l'aspetto neuroanatomico e il modo di funzionare del cervello, attraverso le risonanze magnetiche funzionali e gli esami di *neuroimaging*, ma la strada è ancora lunga.

Il funzionamento delle PAS è caratterizzato da quello che la Aron definisce *Sensory Processing Sensitivity* (SPS) – "Sensibilità dell'elaborazione sensoriale" –, un'elevata attivazione di alcune specifiche aree cerebrali (il claustrum destro, l'area occipitotemporale sinistra, la corteccia temporale e le regioni parietali mediali e posteriori) e dell'emisfero destro. Questi risultati nel 2010 hanno confermato le differenze neurologiche specifiche tra le PAS e le non-PAS.
Diversi studi del 2013 e 2016 hanno aggiunto un'altra conferma: le PAS, quando elaborano stimoli emotivamente intensi (positivi o negativi), hanno un'attivazione maggiore delle non-PAS nelle zone cerebrali legate alla consapevolezza, all'empatia e al comportamento pro-sociale, attuano una più approfondita decodifica delle emozioni altrui (insula e corteccia cingolata) e rispondono in maniera più intensa a stimoli che evocano risposte positive.
Per misurare questo tratto, la scala di autovalutazione HSP della Aron si è nel tempo rivelata un valido strumento di screening.
La scienza è un processo in divenire e gli studi oggi stanno andando avanti attraverso le neuroscienze e la ricerca di legami tra l'ipersensibilità e le caratteristiche genetiche. Due studi hanno trovato alcuni geni significativamente associati ai punteggi elevati sulla scala di autovalutazione HSP. Il primo, fatto in Danimarca, ha trovato un'associazione tra la sensibilità e un gene trasportatore di serotonina, un regolatore dell'umore che può avere un ruolo importante nella depressione. Erroneamente si pensava che l'ipersensibilità fosse legata a una predisposizione alla depressione, ma non è propriamente corretto: è più giusto affermare che l'ipersensibilità crea una maggiore suscettibilità a condizioni ambientali buone o avverse e solo indirettamente può condurre a disagi psicologici. Questo aspetto legato alla serotonina ha invece alcuni vantaggi:

- nelle attività decisionali le PAS risultano migliori perché più "avverse emotivamente al rischio";
- nei compiti altamente complessi e con modalità di decodifica differenti sono più competenti;
- nelle scimmie di rhesus con tale caratteristica si hanno prestazioni mediamente superiori su una varietà di compiti decisionali.

La dopamina è un altro neurotrasmettitore legato all'alta sensibilità. Gli autori di questo secondo studio hanno trovato un set di 10 geni associati a un'elevata probabilità di essere altamente sensibili. Questi studi secondo la Aron forniscono la prova che la sensibilità è innata, ereditabile e ha numerosi vantaggi. Ovviamente non è possibile determinare un gene dell'alta sensibilità, ma altri studi nel 2011 hanno trovato forti correlazioni tra il funzionamento della dopamina e l'alta sensibilità.

Alcune interessanti ricerche si sono concentrate su altri aspetti legati all'alta sensibilità. Nel 2014 uno studio si è focalizzato sull'effetto che l'isolamento estremo ha sulle HSP, verificando che c'è un impatto molto forte sugli ipersensibili sia in termini negativi, con maggiore ansia, ma anche nella direzione di favorire esperienze mistiche e trascendentali.

Uno studio del 2005 afferma che le PAS sono altamente suscettibili alle condizioni dell'ambiente e ad alcuni disturbi in particolare come allergie, emicrania e affaticamento cronico, e che tale sensibilità e tali patologie sono presenti anche nei familiari più prossimi.

Un interessante studio del 2012 di Rizzo-Sierra e Leon-Sarmiento presenta una serie di prove a sostegno dell'esistenza di una connessione tra ipersensibilità, elaborazione sensoriale più alta, introversione, creatività e una specifica costituzione fisica: l'ectomorfismo. L'ectomorfismo è una delle tre tipologie fisiche definite da Sheldon nel 1940, alla quale corrispondono soggetti longilinei, magri e de-

I TRE SOMATOTIPI DI SHELDON

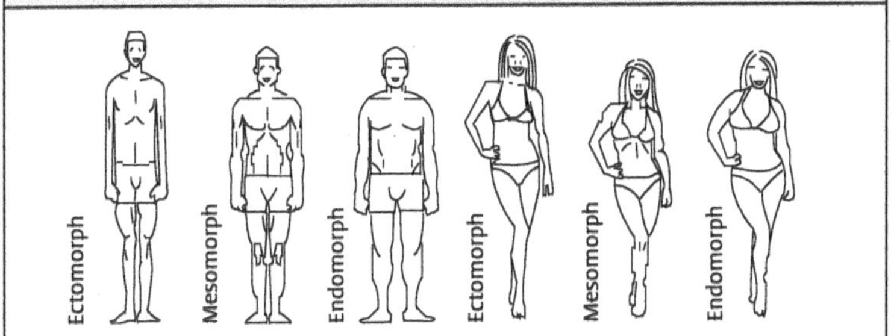

licati, con ossa lunghe e muscolatura esile, torace stretto e, nelle donne, seno piccolo, aspetto più giovanile rispetto all'età cronologica, e temperamento cerebrale, introverso, riflessivo, con animo artistico e tendente all'ansia. Gli autori di questa ricerca sottolineano la corrispondenza tra questa costituzione occidentale e il somatotipo Vata della medicina indiana, descritto già ai tempi anche dal punto di vista caratteriale come simile alle PAS.

Nella mia esperienza, ho potuto verificare che questa connessione tra struttura fisica e ipersensibilità trova conferma e specificità anche in alcune "corazze muscolari e caratteriali" descritte nell'Analisi Bioenergetica di Lowen, che rimandano alle medesime caratteristiche fisiche e personologiche.

Infine desidero citare un importante studio del 2010 che per la prima volta ha utilizzato la Mindfulness con PAS per ridurre lo stress, l'ansia sociale, aumentare l'accettazione di sé e l'autostima, regolare l'empatia e favorire la crescita personale. I risultati sono stati strepitosi: dopo una pratica di otto settimane con la tecnica MBSR, la Mindfulness per la riduzione dello stress, tutti i partecipanti hanno evidenziato, sia attraverso questionari che esami strumentali, una diminuzione dello stress e dell'ansia e un aumento del senso di benessere e di autoefficacia.

Questo miglioramento veniva definito dalle PAS coinvolte da medio a molto importante e gli effetti perduravamo ben oltre la fine della pratica, fino a quattro settimane dopo il termine del trattamento.

Sensibili in un mondo insensibile

Colora il tuo fiore sensibile

Le emozioni ipersensibili

Ipersensibilità ed emozioni vanno a braccetto. Come HSP sentiamo tutto, tanto, sempre e quindi anche i nostri stati emotivi sono amplificati. Ma sentirli e gestirli adeguatamente non è la stessa cosa.

Forse non lo sai, ma come esseri umani, nasciamo con una valigetta delle emozioni di base: significa che abbiamo in dotazione un pacchetto di emozioni innate e universali che sappiamo provare e riconoscere già da piccolissimi.

La valigetta delle emozioni primarie, secondo gli studi ormai notissimi di scienziati come Ekman e Friesen, contiene: gioia, tristezza, rabbia, paura, sorpresa e disgusto. Robert Plutchik oltre a queste ne indica altre due: l'attesa e l'accettazione. Crescendo e facendo esperienze queste sei emozioni di base, come se fossero le note musicali, si combinano tra loro generando emozioni secondarie e complesse.

Molti dei problemi che abbiamo, con noi stessi e con gli altri, dipendono dalla incapacità di sentire, decodificare ed esprimere le emozioni. Non intendo solo noi PAS, ma molti esseri umani, come se ci fosse una sorta di analfabetismo emotivo, che in certi casi diventa una vera e propria disfunzione che viene chiamata *alexitimia*, cioè l'incapacità di dare un nome a ciò che sentiamo.

Noi ipersensibili però abbiamo un rapporto tutto particolare con le emozioni: le desideriamo, le ricerchiamo, le captiamo nell'aria, le anticipiamo, le ingigantiamo, le immaginiamo, le pensiamo, a volte – se ci mancano – le creiamo, le empatizziamo, le sentiamo in sottilissime sfumature, le filtriamo, le nutriamo e le facciamo perdurare nel tempo. Tutto, tanto sempre – nel bene e nel male - vale anche qui.

Ipersensibili e gioia

La gioia produce un'esplosione di sostanze benefiche: serotonina, endorfine, dopamina e ossitocina, sostanze utili al nostro corpo, benefiche per il sistema immunitario e per la nostra salute in generale, e utili anche a livello psicologico perché nutrono l'autostima e rafforzano l'identità e le relazioni.
Ma la gioia per noi PAS è croce e delizia. La desideriamo, la bramiamo, la inseguiamo e quando l'abbiamo raggiunta spesso siamo troppo attivati e agitati per godercela e facilmente diventa un'altra esperienza difficile da gestire.
Spesso capita che un ipersensibile quando è felice non riesca a dormire bene la notte, si distragga, anche con il rischio di fare piccoli incidenti, o si dimentichi di mangiare e di bere, ed è possibile che tra le sensazioni piacevoli percepisca anche una sottile ansia e inquietudine.

> *Sabato è stato il mio compleanno e la sera avrei ricevuto i regali dei miei amici e del mio ragazzo. Nonostante questo sono stata in ansia e nervosa gran parte del giorno e ho cominciato a percepire la bellezza della giornata e la mia gioia solo nel tardo pomeriggio, rovinandomi così buona parte del tempo.*

Tutto questo dipende dal fatto che il nostro sistema nervoso altamente sensibile è di norma già al limite della soglia di attivazione media delle altre persone e aggiungendovi un'emozione, pur piacevole, è facile superare l'asticella ed essere invasi da un senso di sopraffazione. Questo è ben visibile nei bambini altamente sensibili, che si agitano molto arrivando anche a esplosioni di aggressività o di pianto, quando sono molto felici o iper-attivati durante i

giochi. Anche la Medicina Tradizionale Cinese lo afferma: l'eccesso, di ogni cosa, anche se si tratta di un'emozione piacevole come la gioia, può provocare squilibri nel sistema.
D'altro canto, l'inquietudine, che può accompagnare la gioia nelle PAS, può dipendere dalla convinzione di non meritarsela o ancora dal tentativo di trattenerla il più possibile, cosa però che non fa altro che aumentare l'ansia, visto che ogni emozione per definizione è momentanea e fugace.

Ipersensibili e tristezza

Diciamo la verità: a noi ipersensibili la tristezza piace. Tendiamo ad associare la tristezza con l'essere riflessivi, introversi, profondi. Sì, d'accordo, molti artisti la pensano in questo modo e infatti molti di loro sono stati e sono degli HSP.
Ma questa convinzione non è del tutto vera. La tristezza è un'emozione di base che ha effetti fisici e psichici sul nostro organismo. La tristezza determina la produzione di alcuni neurotrasmettitori specifici che vanno anche a modificare i nostri ormoni, creando un cambiamento nell'ambiente interiore. La tristezza ha lo scopo di mandarci in autoprotezione, di farci fermare e ci invita a ritirare le energie, perché c'è qualche cosa che deve essere elaborato e digerito a livello emozionale. Ma se non limitiamo la nostra tendenza ad abbandonarci a questa emozione, rischiamo di sprofondarci dentro e, alla lunga, di cadere in un vero e proprio ritiro neurovegetativo, fino all'isolamento sociale e in casi estremi alla depressione.

Un discorso a parte va fatto per la malinconia, che è composta da tristezza e gioia, da cui a volte ci facciamo coccolare quando andiamo a ricordare momenti piacevoli ormai passati. E questo rimanda a quel nostro approccio romantico alle cose che come PAS prediligiamo. Ma anche questo stato d'animo, se non sfocia in qualcosa di costruttivo o in un'azione creativa, deve essere contenuto rinforzando la nostra capacità di mettere limiti.

A volte nelle lunghe domeniche pomeriggio di inverno, quando mi sento un po' giù, ma senza un motivo particolare, metto una musica a ripetizione e dipingo: non importa quello che esce; l'importante è dare voce a quella sorta di tristezza che mi morde dentro...

Ipersensibili e rabbia

La rabbia, emozione spesso vietata, repressa o disapprovata, possiede invece tante funzioni, tra cui le più importanti sono quelle di farci reagire di fronte a una minaccia o a un'ingiustizia.
In tutte le persone questa emozione determina una serie di reazioni che devono essere gestite affinché la rabbia resti sana e non diventi disfunzionale. La rabbia, come la paura, attiva il sistema nervoso simpatico con una serie di reazioni fisiologiche involontarie che determinano uno stato di agitazione e turbamento: aumento del battito cardiaco, aumento della sudorazione, attivazione del comportamento di attacco o fuga, innalzamento della pressione arteriosa, aumento della velocità del respiro, aumento della sensibilità cutanea.

A livello psicologico la rabbia, quando vissuta in modo intenso, sequestra letteralmente una quantità di energia che generalmente utilizzeremmo per altre funzioni, come per esempio il ragionamento, il problem solving, il comportamento sociale e l'attenzione. Molti dei problemi della società attuale sono dovuti a una cattiva percezione e gestione della rabbia. La rabbia è una delle emozioni più complesse da gestire per una PAS:

- o la temiamo e facciamo il possibile (e anche l'impossibile) per evitarla, usando come unica strategia la fuga e l'evitamento di tutte le situazioni anche lontanamente conflittuali
- oppure, come degli esserini spaventati, reagiamo in modo eccessivo a qualsiasi minaccia, costretti inconsciamente all'attacco dalla paura di essere schiacciati
- o ancora, succede che il nostro sistema vada in tilt mandandoci

in *freezing*: uno stato di congelamento mentale e comportamentale che ci blocca di fronte alle espressioni aggressive nostre o altrui. Un po' come fanno gli animali che si paralizzano fingendosi morti di fronte a una minaccia estrema.

> *Quando subisco un torto spesso non so reagire, mi chiudo, ammutolisco, ma dentro mi sento esplodere. Ed è inutile forzarmi a rispondere o a tener testa all'altra persona: questo mi manda solo di più nel panico.*

Tutte queste tre modalità, se sono rigide e assolute, portano solo a frustrazione e ulteriore rabbia. Quindi dobbiamo imparare ad adottare soluzioni flessibili e creative che proteggano la nostra sensibilità e risparmino energie preziose.

Ipersensibili e paura

Anche la paura è un'emozione fondamentale di cui la natura ci ha dotato con lo scopo di proteggerci, facendoci riconoscere cosa è pericoloso per noi sia dal punto di vista fisico sia dal punto di vista psicologico. È la paura che ci mette in salvo se stiamo facendo una passeggiata in un bosco e ci sorprende un forte temporale. È sempre la paura che ci fa sentire a disagio e ci tiene allerta se camminiamo soli in una strada buia di notte.

Quando la paura viene però scatenata da situazioni non pericolose allora comincia a diventare un problema.

Troppo spesso noi altamente sensibili usiamo la paura come unica bussola per decidere se affrontare una certa situazione oppure no: abbiamo accumulato spesso esperienze negative o difficili in passato e ormai usiamo questa chiave di lettura e la applichiamo indistintamente a ogni nuova esperienza.

È la paura che ci fa dire no all'invito di una nuova persona che vuole conoscerci. È la paura che ci dice di rifiutare un pomeriggio in un centro commerciale a fare shopping. È la paura che ci fa temporeggiare nel rispondere a quell'annuncio di lavoro.

> *Ho ancora quella mail ferma in bozza. L'ho preparata, ma la lascio lì... So che se la invio, poi qualcosa succederà: o mi chiameranno e quindi dovrò affrontare un sacco di cambiamenti e di prove nuove oppure non mi chiameranno e tutto resterà uguale. Ho paura di entrambe le cose e quindi non ho ancora fatto niente.*

La paura non è la realtà, ma è una reazione emotiva a una certa interpretazione della realtà. La paura è un'emozione come tutte le altre, che viene neutralizzata e "addomesticata" se presa quotidianamente come una medicina omeopatica. È una sorta di vaccino: dobbiamo abituarci a fare ogni giorno qualche cosa che ci spaventa in modo da allenarci.
La paura è un'altra emozione che, se provata per molto tempo, può intossicare il nostro organismo e andare a intaccare il sistema immunitario perché produce cortisolo, una sostanza detta "ormone dello stress" che alla lunga abbassa le difese immunitarie aprendo le porte a virus, a malattie autoimmuni e patologie dovute allo stress.

Ipersensibili e disgusto

Ricordo che quando ero all'università e scoprii che il disgusto faceva parte delle emozioni universali innate ne rimasi molto stupita. In effetti il disgusto ci permette di essere selettivi rispetto gli stimoli che ci fanno bene o che ci fanno male già da bambini. E lo fa rispetto a cose pratiche e materiali così come rispetto a situazioni o relazioni.
È il disgusto che ci permette di non essere avvelenati di fronte a un piatto di pesce maleodorante. Ed è sempre il disgusto che ci permette di scegliere se a quella festa ci vogliamo andare perché la gente ci piace oppure non ci sentiremo a nostro agio.
Se siamo altamente sensibili, ma non consapevoli di esserlo, ci siamo costantemente giudicati inadatti e abbiamo probabilmente sviluppato disgusto verso noi stessi, a causa del nostro sentirci diversi dalla maggior parte delle persone e a disagio in molte situa-

zioni. Abbiamo erroneamente diretto il disgusto all'interno, verso il nostro modo di essere, invece che all'esterno, verso le situazioni dannose.
Il disgusto è uno strumento emotivo sottovalutato, che invece dobbiamo imparare ad affinare per aumentare la qualità della nostra vita, scegliendo con molta attenzione cosa ci fa bene, cosa rinforza la nostra sensibilità e cosa invece ci fa male, potrebbe ferirci, o potrebbe diminuire la nostra autostima.
Molto spesso crediamo di non essere all'altezza di una situazione quando invece è probabile che non ci proteggiamo abbastanza o ci forziamo a stare in ambienti o relazioni nocive per il nostro modo di essere e per il nostro sistema nervoso.

> *Ma quindi cosa dovrei fare? Non uscire più con le mie amiche SOLO perché non si interessano a me, non mi diverto e non abbiamo più molto in comune?*

Dobbiamo rivolgere questo strumento, che è il disgusto, dall'interno, dove l'abbiamo posizionato, verso l'esterno, diventando costruttivamente selettivi rispetto a chi e che cosa vogliamo nella nostra vita. Sì, lo so che questa affermazione ti suona egoista e che ti stai già sentendo in colpa solo al pensiero di poterlo fare: ma sappi che si sta parlando semplicemente di auto-protezione, di autostima e, se ti piace, di "sano egoismo".

Ipersensibili e sorpresa

Abbiamo un rapporto ambivalente con questa emozione. La nostra soglia di attivazione agli stimoli sensoriali è più bassa della media e la nostra attenzione sempre aperta a recepire tutto ciò che si presenta nell'ambiente, interno o esterno che sia. Un rumore improvviso o molto intenso; un odore forte; qualcuno che ci tocca involontariamente; una luce intensa o i colori intensi: è probabile che tutto questo ci faccia sobbalzare e distragga la nostra attenzione.

È altrettanto vero però che il nostro modo di pensare molto veloce spesso anticipa le conclusioni prima che l'altro le abbia esposte o le conseguenze di un ragionamento prima che siano "visibili" agli altri.

> *Le barzellette non mi sorprendono mai. Mentre me le stanno raccontando io so già quasi sempre come andrà a finire e poi devo fingere di essere stupita...*

La sorpresa è un'emozione neutra in sé, che può sciogliersi in pochi secondi o trasformarsi in altro a seconda che ciò che ci ha sorpreso sia piacevole o spiacevole.
Essere consapevoli della nostra "soglia di sorpresa" può essere utile a vivere meglio il quotidiano, anche per chi ci sta accanto. Allo stesso modo abbassare il nostro livello di attivazione con le tecniche adatte può far si che diventiamo più forti di fronte agli stimoli improvvisi.

Le emozioni creano salute oppure malattia: a te la scelta!

> *Ho deciso di essere felice perché fa bene alla mia salute!*

Questa di Voltaire non è solo una bella e ispirante frase, ma è una illuminata intuizione di ben tre secoli fa che è stata confermata dalle ricerche delle attuali neuroscienze.

Pensieri, emozioni e sensazioni sono strettamente connessi a livello centrale, nei processi reciproci di elaborazione cognitiva, e si influenzano a vicenda. La psiconeuroendocrinoimmunologia (PNEI) e le tecniche più raffinate di laboratorio e di *neuroimaging* hanno dato all'umanità questo contributo.
Le emozioni sono gestite nel cervello dalla stessa centralina (il sistema limbico) che regola anche la produzione di neurotrasmetti-

PER IL CERVELLO FARE È COME IMMAGINARE

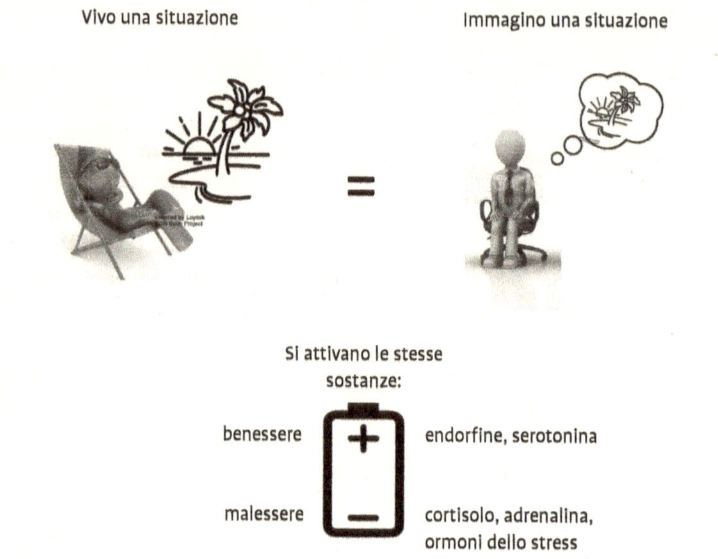

tori – i quali determinano come pensiamo e come ci sentiamo –, che induce la produzione degli ormoni del sistema endocrino e che regola anche la secrezione di alcune sostanze utili al nostro sistema immunitario per difenderci dalle malattie. Tante cose, vero? E tutte concentrate nel volume di una piccola noce, nel centro del nostro cervello.

Facciamo qualche esempio. Se sono stimolato perché inizio un nuovo corso di cucina, il mio cervello libererà **dopamina**, la sostanza della motivazione e del raggiungimento degli obiettivi, della sfida, del desiderio e della conquista. Quando cucinerò il mio primo piatto e sentirò quanto è delizioso, il mio cervello libererà altra dopamina, in funzione di premio e di appagamento, facendomi venire voglia di continuare il corso e diventare un bravo chef. Inoltre la gioia provata dipende anche dalla liberazione di **serotonina**, il neurotrasmettitore del piacere e del benessere, e di **endor-**

fine, le sostanze della felicità e dell'appagamento rilassato. Insomma, starò meravigliosamente! E quando sono sereno e soddisfatto mi ammalo meno facilmente. Lo hai mai notato?

Viceversa, se il mio lavoro non mi piace e la mattina mi alzo pensando che la giornata sarà terribile, come tutti gli altri giorni, il mio sistema comincerà a produrre **cortisolo**, l'ormone dello stress, per poter sopportare la situazione e andare in difesa, in riserva energetica, poi **adrenalina** per stare in allerta rispetto ai problemi, e diminuirà la produzione di serotonina perché stiamo dicendo al nostro cervello che non c'è niente di buono oggi. Tutto questo naturalmente crea un circolo vizioso, che tecnicamente si chiama *sistema a feed-back retroattivo*, che fa in modo che questa situazione biochimica e cognitiva si autoalimenti e permanga nel tempo, se non interveniamo con intenzione e consapevolezza a cambiare le cose.

Quando pensiamo, stiamo dando un comando al nostro cervello. Se pensiamo "Oggi sarà una giornata terribile", il nostro cervello si preparerà biochimicamente alla giornata terribile, liberando tutte le sostanze che abbiamo detto: e davvero vivremo una giornata terribile, perché ci siamo autoprogrammati a questo.

Un altro aspetto importante è che se siamo in uno stato costante di allerta, di reattività, di ritiro e di paura, costringendo le nostre ghiandole surrenali a una continua produzione di **cortisolo**, saremo alla lunga più vulnerabili alle malattie perché questa sostanza antinfiammatoria ha un effetto depressivo sul sistema immunitario: **abbassa cioè le nostre difese**. Ecco perché quando siamo tristi, demotivati o sotto stress per lungo tempo ci ammaliamo più facilmente. Ok, quindi che possiamo fare?

C'è un interessante potenziale del nostro cervello che ci viene in aiuto: **per il cervello, immaginare o vivere una situazione realmente non fa molta differenza.**

Se immaginiamo di stare sulla nostra spiaggia preferita e visualizziamo con cura i dettagli visivi, uditivi, immaginando anche le sensazioni fisiche di contatto con la sabbia, il vento, il sole, il mare, si attivano le stesse aree cerebrali che si attiverebbero se fossimo realmente su quella spiaggia.

CIRCOLO VIRTUOSO

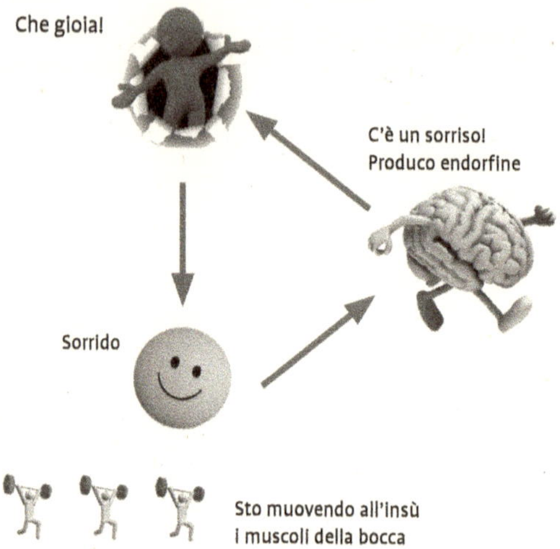

E ancora. Diversi esperimenti hanno dimostrato che se tiriamo in su gli angoli della bocca, usando i muscoli zigomatici, mimando un sorriso, anche se non siamo contenti per alcun motivo, il nostro cervello comincerà a produrre le sostanze della gioia. Muscoli della bocca attivi all'insù = messaggio al cervello indipendente dalla presenza di gioia. Se manteniamo questa espressione facciale per qualche minuto, come se si trattasse di ginnastica, il cervello secernerà serotonina ed endorfine, decodificando il messaggio che arriva dai recettori sui muscoli del viso, indipendentemente dall'emozione provata o no. Inoltre, in seguito alla liberazione di queste sostanze, effettivamente ci sarà una modificazione della chimica del nostro corpo, che influirà positivamente sul nostro stato mentale.
Magia? Miracolo? No, è solo la grande saggezza del nostro corpo che dobbiamo imparare a conoscere e ad amministrare per il nostro benessere.

E ORA... FAI PRATICA!

Allenati a riconoscere le emozioni

Fai gli esercizi suggeriti alla fine del capitolo "Distinguere situazioni, pensieri, sensazioni ed emozioni".

Stimola naturalmente la serotonina

Questo neurotrasmettitore, prezioso per il nostro benessere, è prodotto per il 90% nell'**intestino**, il nostro secondo cervello. Quindi il primo modo di produrre naturalmente serotonina è avere cura della salute del nostro intestino ed evitare tutti quei cibi o quegli stili di vita che ne alterano il delicato equilibrio.
Inoltre è dimostrato che viene liberata serotonina dopo soli 20 minuti di **attività motoria blanda**, come una camminata veloce o una corsa leggera. Direi che la tua felicità può valere 20 minuti due/tre volte alla settimana, che ne dici?
Anche **alcuni cibi** facilitano la produzione di questa sostanza del buonumore: poiché la serotonina è sintetizzata a partire da un amminoacido essenziale, il triptofano, tutti gli alimenti che lo contengono ci possono aiutare, se non abbiamo intolleranze specifiche e indicazioni mediche diverse a riguardo. Eccone una breve lista:

- cacao amaro e cioccolato fondente (non al latte);
- uova;
- formaggi freschi;
- carne bianca;
- legumi secchi;
- semi oleosi e frutta a guscio;
- pesce di mare;
- cereali integrali o semi-integrali;
- alcuni vegetali (indivia, spinaci, patate, cavoli, asparagi, funghi, bietola, lattuga);
- tra la frutta, banana e ananas.

Contrasta naturalmente il cortisolo

Questo neurormone, preziosissimo per la sua potenza antinfiammatoria, deve però essere in circolo per tempi limitati e in dosi corrette nell'arco della giornata altrimenti andiamo incontro a problematiche diverse. C'è un'altra sostanza prodotta dal nostro corpo antagonista del cortisolo: l'**ossitocina.**
La si conosce perlopiù per il suo ruolo di stimolatore delle contrazioni uterine durante il parto. Ma le ricerche hanno scoperto un meraviglioso potere: se generata da un input sensoriale – carezze, abbracci – ha effetto anti stress immediato perché abbassa la soglia di cortisolo nel sangue. L'ossitocina, definito ormone **dell'intimità** e dell'appagamento, è prodotto in relazioni intime strette (maternità-paternità, amore, amicizia profonda, sessualità). Viene rilasciata in surplus durante l'orgasmo sessuale, ma anche con contatti solamente tattili, come durante un massaggio rilassante (fatto dal partner, ma anche da un massaggiatore professionale), accarezzando o essendo accarezzati da qualcuno, coccolando il nostro animale domestico. Addirittura è stato precisamente misurato che basta un abbraccio di 20 secondi per generare una scarica di ossitocina che ci fa subito sentire bene. Sono certa che sappiamo tutti di che sensazione si tratta perché l'abbiamo provata. Ovviamente la prima raccomandazione è affrontare dove possibile le fonti di stress e lavorare per un cambiamento in positivo, ma nel frattempo abbracci, coccole, carezze, massaggi e intimità sessuale possono rendere il percorso più dolce.

Pratica la scienza del sorriso

Quando sei nel traffico, nei tempi morti, mentre fai le faccende di casa, mentre pulisci l'automobile o fai bricolage, sotto la doccia, forza i muscoli del sorriso. Ricorda che il cervello reagisce producendo sostanze del benessere anche se non sei effettivamente contento.

Io personalmente lo faccio spesso in automobile, nei tempi vuoti in cui guido da studio a casa o da un luogo di lavoro all'altro: al volante mi metto un sorriso in faccia, lo estremizzo se ne ho voglia, oppure lo lascio solo accennato, funziona lo stesso. Lo tengo per 5 minuti, il tempo del percorso. Dovresti provarlo anche solo per osservare le reazioni degli altri automobilisti che incrocerai! Oltretutto è anche un'ottima ginnastica consigliata contro le rughe. Fallo pure senza pensare a nulla in particolare, puoi anche iniziare senza crederci molto: prova e nota cosa accade col tempo. Lascia fare al corpo quello che sa fare!

- Ti suggerisco di leggere il libro *Intelligenza emotiva* di Daniel Goleman.
- Ti invito a vedere il film *Inside Out* della Pixar.

Tempo libero

Divertirci per noi ipersensibili non è facile. Si potrebbe dire che il divertimento per noi è una cosa seria. La parola viene dal latino *de-vertere*, cioè "volgere altrove". Cosa? Ma l'attenzione naturalmente! Quindi per i normosensibili divertirsi vuol dire volgersi altrove con l'attenzione, distrarsi. Ma per noi PAS questo non è così immediato; anzi diventa un'altra competenza. Se volgiamo l'attenzione altrove, ovunque, troviamo suggestioni o stimoli per soffermarci con l'attenzione, sostare con i pensieri o approfondire una riflessione. Tutt'altro che rilassante no?
Tendiamo inoltre a essere persone seriose, a cercare la profondità ovunque e a volte fatichiamo a cogliere l'ironia in una battuta o in una situazione, perché prendiamo alla lettera le parole o, se ci raccontano una storiella paradossale, invece di ridere, empatizziamo con i personaggi. Così finiamo di nuovo per doverci giustificare per come siamo fatti e diamo un'altra picconata alla nostra autostima.

Altro che divertimento!

I cosiddetti **parchi di divertimento** per me (e forse per molti sensibili oltre a me) sono luoghi infernali. Se mi regalassero un ingresso lo donerei a mia volta, di certo non mi sottoporrei a una torturante giornata in mezzo a file, caos, grida, luci e suoni fortissimi, a fare cose che ritengo fastidiose o che mi creerebbero tanta di quella

tensione psichica che il giorno dopo sarei a pezzi. Questi posti funzionano perché forniscono un surplus di esperienze emozionanti e scatenano la liberazione di adrenalina, cosa molto piacevole e ricercata in genere.
Ma tutta la nostra vita di altamente sensibili è esattamente così: ogni esperienza è vissuta come fosse estrema e spesso per noi è frequente la sensazione di stare sulle montagne russe emotive.
A meno che non siamo anche dei *sensations seekers* (ricercatori di sensazioni forti), il nostro divertimento deve essere diverso.
Se siete invitati in uno di questi parchi e avete davvero voglia di partecipare, può essere buona cosa informarvi a priori delle attrazioni che ci saranno e sceglierne solo alcune alternando attività di forte carica emotiva a momenti di decompressione seduti nel verde.
Allo stesso modo, **fare shopping** e passare il pomeriggio camminando per negozi, in un outlet o in un centro commerciale potrebbe essere fonte di stress per un ipersensibile. Il sovraccarico di stimolazioni potrebbe non farsi sentire subito, ma dopo qualche ora potreste sentirvi spossati o molto irritati senza apparente motivo. È segno che avete superato il limite.
Andare al **cinema** o vedere dei **film a casa** in compagnia è un'altra fonte di divertimento, a patto che il film abbia rispetto della nostra sensibilità. Io non ho mai potuto vedere per intero un film di Fantozzi: la mia sensibilità è profondamente urtata dalle situazioni rappresentate, che per i più sono divertenti, mentre per me sono fonte di insofferenza e di tristezza per la malasorte del poveretto. Gli horror sono spesso inconcepibili per noi HSP a meno che ci forziamo di guardarli per esorcizzare la nostra sensibilità, a costo di un'iperattivazione neurologica che poi va gestita. Thriller e film di avventura o di azione spesso ci attraggono per la naturale curiosità di cui siamo dotati, ma sollecitano il nostro sistema nervoso.
E perché non rilassarsi guardando un po' di **Tv**? Lo zapping, con il suo continuo spezzettare l'attenzione e la velocità di ricentratura ci manda in ansia invece che rilassarci. Per non parlare dei tg.

L'altra sera al telegiornale ho dovuto vedere un servizio sul terremoto: le case distrutte, le persone disperate in strada, i bambini. Sono stata invasa da un dolore fortissimo e hanno cominciato a scendermi le lacrime. Ma non riuscivo a dire nulla nemmeno a prendere il telecomando e cambiare canale.
Ormai non guardo più un tg da mesi. Sono impressionanti, c'è sempre violenza, drammi, mi si chiudeva lo stomaco. Continuavo a rivedere mentalmente le immagini trasmesse anche per ore dopo.

I **social** (facebook, whatsapp, instagram, snapchat…) hanno un fascino particolare sugli ipersensibili. Frequentarli, un po' per tutti e anche per noi HSP, permette di avere la sensazione di essere in compagnia pur essendo da soli. E permettono anche quella particolare possibilità di "guardare dalla finestra" senza esporsi completamente. Fin qui tutto bene: un uso consapevole e limitato di questi strumenti può essere un valido passatempo. Ho tuttavia riscontrato in diversi pazienti che, prima o poi, scelgono di disconnettersi e di uscire, temporaneamente o definitivamente, da uno o da tutti i social.

Anche se è una chat di miei amici, non ne potevo più di ricevere tutti quei messaggi e mi sono tolto.
Ho deciso di uscire dal gruppo anche se si parlava di sensibilità perché certi interventi mi infastidivano… Però non avevo il coraggio di dire la mia e la cosa mi infastidiva ancora di più…

La modalità comunicativa su queste piattaforme è per esigenza veloce, superficiale e non accompagnata dal linguaggio corporeo. Questo può lasciare disorientati alla lunga noi ipersensibili e potremmo viverla come stressante e non divertente. Senza parlare poi degli *haters*, coloro che, nascondendosi dietro l'anonimato di una tastiera, insultano, criticano, provocano. Ormai è un fenomeno diffuso e una persona altamente sensibile potrebbe uscire con le ossa a pezzi dall'incontro con questa esperienza. Quindi, meglio dosarsi e proteggersi sui social. E allo stesso tempo è importante mettere un limite al tempo che si passa su queste piattaforme: in

ogni caso evitarli nelle ore serali o prima di dormire, poiché stimolano l'iperattivazione neurologica.
Allora perché non andiamo a fare un aperitivo in un **locale**? O in **discoteca**? Può essere una buona idea! Ma spesso ci stanchiamo presto e abbiamo voglia di tornare a casa molto prima degli altri. Ci dobbiamo giustificare, a volte dobbiamo inventare scuse, insomma un altro stress. Le luci, la musica forte, la quantità di gente, il vociare, la vicinanza delle persone dentro il locale: il nostro sistema percettivo ipersensibile sente tutto questo come fonte di stress da gestire e da isolare mentalmente per poterci divertire e non come parte del divertimento stesso.

Naturalmente questo non significa che dobbiamo fare vita di clausura o privarci di certe esperienze, tutt'altro! Proprio per fare tutto quello che desideriamo, dobbiamo conoscere molto bene le nostre caratteristiche altamente sensibili, riconoscere il nostro limite di tolleranza e prendercene cura. Questo paziente ne è un esempio:

> *PAS: Dottoressa, ce l'ho fatta! Ho realizzato il mio sogno e sono andato al concerto di Vasco Modena Park (concerto record per affluenza di pubblico).*
> *Terapeuta: E come è stato?*
> *PAS: Bellissimo! Ero a 15 metri dal palco. Per me è stata una vittoria personale!*

L'**alcol** è considerato da molti un "alleato" del divertimento, per il suo effetto eccitante sul sistema nervoso e al contempo disinibente e rilassante, se assunto con moderazione. Ma l'effetto che può generare su un sistema ipersensibile, già di norma sopra soglia, deve essere tenuto in considerazione. In generale, per tutte le persone, l'alcol incide, in maniera più o meno evidente, sugli organi di senso, restringe il campo visivo, disturba la visione binoculare, diminuisce la capacità di valutare correttamente i suoni e compromette la capacità di giudizio. Se applichiamo tutti questi processi a un sistema neurologico ipersensibile, ecco che può esserci la ricetta per un disastro. È possibile quindi che se beviamo un buon vino durante una cena, ma veniamo da una giornata particolarmente carica di stimolazioni, potremmo sentirci sopraffatti da un senso di perdita di controllo e di malessere generale. O ancora che un drink preso in un locale, dove gli stimoli visivi, uditivi e cinestesici sono per noi eccessivi, invece di rilassarci ci faccia sentire male, portandoci sintomi fisici o psicologici come ansia e disagio a stare in mezzo alle persone.

Alcuni studi parlano di ipersensibilità alla **caffeina**: nella mia esperienza clinica ho riscontrato una certa variabilità in merito. Di certo viene consigliato di non assumere caffeina dopo il tardo pomeriggio per aiutare l'organismo a prepararsi al riposo serale.
Di sicuro, noi PAS dobbiamo avere un'attenzione in più nell'assumere **farmaci** e **sostanze** che hanno un'azione sul sistema nervoso, psicoattive o calmanti che siano: naturalmente vanno assunte sempre sotto controllo medico, ma io consiglio anche di suggerire allo specialista di usare con noi inizialmente una dose quasi "omeopatica", così da dare tempo all'organismo di abituarsi. Ricordo una paziente a cui era stata consigliata dal medico di base della melatonina in gocce per dormire meglio, che ha avuto una reazione paradossa con l'assunzione di sole 4 gocce (la dose minima consigliatale) ed è rimasta sveglia tutta la notte in uno stato di iper-ideazione saltando da un pensiero all'altro, da un progetto all'altro.

Rispetto all'abuso di sostanze, può accadere che una persona altamente sensibile ricorra all'uso di stupefacenti nel tentativo di alleviare il senso di sopraffazione dovuto all'*over-arousal* o, al contrario, per colmare il senso di vuoto dovuto all'*under-arousal*, specialmente se si tratta di una PAS *sensations seeker*. Tuttavia è difficile che ne diventi dipendente o un consumatore compulsivo, grazie alla cautela intrinseca alle PAS, sempre molto consapevoli del significato delle proprie azioni e delle loro conseguenze a lungo termine. Certamente, diverso è il caso in cui l'ipersensibilità coesista con disturbi psicologici o con altri tratti di personalità la cui associazione potrebbe portare a condotte di dipendenza da sostanze.

Lo sport

> *PAS: Da piccola facevo atletica leggera, ero brava nella disciplina dei 2000 metri di corsa. Ma soprattutto mi piaceva: mentre correvo sentivo tanto le gambe, il potere del corpo e stranamente mi rilassavo tanto che a volte mi sembrava – lo riconosco adesso – di andare in una sorta di trance o di meditazione.*
> *Terapeuta: E lo fa tuttora?*
> *PAS: No, no! Ho smesso quando sono arrivata alle regionali.*
> *Terapeuta: E come mai?*
> *PAS: La pressione era troppa, ero una ragazzina e avevo l'ansia che mi paralizzava prima delle gare. Ma non avevo il coraggio di dirlo a nessuno, sentivo che il problema ero io e che nessuno mi avrebbe capito. Così ho detto che non volevo più andarci e basta.*

Peccato per questa ragazza che non sapeva di essere altamente sensibile e che non è stata aiutata a gestire l'ansia da prestazione, naturale in quel contesto, finendo per autoeliminarsi da una attività in cui aveva competenze e che soprattutto le piaceva.
Lo sport è un ottimo strumento di decompressione fisica e alleggerimento psicologico, a patto che sia fatto in un ambiente facilitante e non eccessivamente competitivo.
A noi ipersensibili fa molto bene sentire il corpo, le sue potenzialità, allenarci per arrivare a un obiettivo, fidarci delle nostre sensazioni e usarle per sentire il nostro potere, la nostra efficacia.
Come abbiamo visto nel capitolo "Come sente il tuo corpo altamente sensibile", molti ipersensibili fanno, senza saperlo, la scelta di disconnettersi dal corpo: quando sentire diventa motivo di sofferenza è facile scegliere, inconsciamente, di anestetizzarci e di non ascoltare più la nostra bussola, il nostro corpo.
Lo sport allora, fatto in condizioni favorevoli per una HSP, può essere uno strumento potente per aiutarci a riprendere contatto

con il corpo, a decodificare il linguaggio sensoriale, a misurare le nostre forze e le nostre energie e imparare a familiarizzare con l'approssimarsi dei nostri limiti di resistenza.
Facendo con regolarità uno sport possiamo accorgerci di quanta energia abbiamo, di quando ci stiamo stancando, di quando stiamo tirando la corda e arrivando al nostro limite. Queste sensazioni, che il nostro cervello riconosce e decodifica, diventano una sorta di manuale interno che ci permette di riconoscere quando siamo vicini al crollo e quanta resistenza abbiamo ancora, anche durante altre attività quotidiane, al lavoro, mentre facciamo la spesa, insegnandoci piano piano a prenderci cura di noi stessi e a non superare il limite di tolleranza così da non entrare in crollo.
Ma come scegliere?

Non si tratta tanto di quale sport intraprendere: vanno bene lo yoga, la bioenergetica, la corsa, ma anche il basket, il calcio, l'arrampicata e tutto quanto vi piaccia.
Quel che conta è che sia fatto nelle condizioni più adatte a un ipersensibile.
Ecco alcune indicazioni:

- Il ritmo blando.
- La frequenza regolare ma non pressante.
- La non competitività.
- Scegli di preferenza uno sport che puoi praticare in solitudine o con un piccolo gruppo di persone che condividono le tue stesse modalità.
- Non esagerare con l'intensità, in modo che l'attività sportiva ti lasci una quantità di energia sufficiente per le altre cose da fare.
- Se lo senti necessario (e questo puoi saperlo solo sperimentando), tieniti mezz'ora dopo l'attività fisica perché è possibile che ti venga sonnolenza o un senso di torpore dovuto alla liberazione di serotonina; diversamente, potresti sentirti sopraffatto e senza forze nel ributtarti nelle attività della giornata.

- Prediligi gli sport che puoi praticare in mezzo alla natura. In ogni caso evita ambienti troppo ricchi di stimoli: se vai in una palestra piena di persone, con gli schermi Tv e la musica alta è probabile che ti sentirai infastidito. Trova il modo di focalizzare la tua attenzione sugli esercizi che svolgi e usa delle cuffiette con della musica o dei tappi per le orecchie.
- Fai sport la mattina presto, se ti è possibile, o nel pomeriggio, ma cerca di evitare le ore serali per non alterare i naturali ritmi neurobiologici degli ormoni e dei neurotrasmettitori.
- Stressarti per fare sport saltando la pausa pranzo non è una buona idea!
- Fare attività fisica con gli animali vale doppio: sto pensando all'equitazione, ma anche a correre con il proprio cane.
- Il nuoto è molto adatto perché ti mette in contatto con l'elemento acqua, che con le sue stimolazioni cinestesiche ti contiene e ti coccola.
- Se sei una PAS *sensations seeker* e hai bisogno di stimoli forti, invece, può essere una buona idea per te spingere un po' di più e impegnarti in obiettivi che ti facciano percepire la tua potenza. Ricordo di aver terminato il percorso con una PAS e un anno più tardi di aver ricevuto le foto di lei vittoriosa in una gara di triathlon!
- E se sei pigrissimo, in ogni caso ricorda che fare una passeggiata veloce di 30 minuti ogni giorno, con il tuo animale domestico, con un amico, con il partner o da solo, ascoltando la tua musica preferita, è un toccasana scientificamente dimostrato per la salute fisica e in più nutre la sensibilità sotto tutti gli aspetti.

Immergersi nel mare ipersensibile

Un'ulteriore fonte di piacere per noi è data dallo sprofondare volontariamente nelle sensazioni e nelle emozioni.
Mettere in loop musica che ci fa piangere, fissare il mare per ore,

rivedere anche più volte lo stesso film solo perché tocca determinante corde interiori, andare in un luogo carico di ricordi, parlare con un amico rievocando il passato, stare seduti su un prato sotto un albero a fissare il cielo, cucinare quella torta che ci preparava la nonna: sono solo alcune delle situazioni che mi vengono in mente e che spesso intenzionalmente ricerchiamo. Come se avessimo ogni tanto bisogno di immergerci nel mare profondo della interiorità per ritrovarci, per rigenerarci da dentro e tornare nel mondo più forti e carichi.

Quello che per i normosensibili sarebbe una tortura inutile ("Ma se ti fa piangere cambia canzone, no?") oppure una perdita di tempo ("Ma ancora questo film? Lo conosci a memoria!") per noi PAS è un rituale di ricentratura, un po' come fanno i bambini che vogliono sentire la stessa storia mille volte prime di addormentarsi. Serve a rinsaldare tutte le parti di sé che sono state messe in gioco e ricreare una sorta di coerenza interna, di solidità.

Il **silenzio** è il migliore alleato in questo processo e la **solitudine** la compagna ideale.
Questi due ingredienti in generale oggi sono considerati tabù: le persone non sanno più tollerate il silenzio e lo riempiono con qualunque cosa pur di non sentire il vuoto. E lo stesso terrore viene avvertito verso la solitudine: pericoloso mostro da evitare a tutti i costi, anche coinvolgendosi in situazioni dannose o disfunzionali, o esorcizzandolo attraverso i social. Ma per noi ipersensibili questi sono due preziosissimi amici della salute psicofisica. Dobbiamo solo smettere noi per primi di averne paura e di giustificarci quando ne abbiamo bisogno. Impariamo ad apprezzare il loro ruolo ripulente e detossinante per il nostro sistema nervoso e autosomministriamoceli in piccole ma regolari dosi quotidiane, per una corretta salute del nostro stile di vita altamente sensibile.

E ORA... FAI PRATICA!

L'agenda degli spazi vuoti

Crea un'agenda al contrario. Sei abituato ad avere una precisa pianificazione degli impegni e riempi le settimane con mille attività obbligate. Impara a farlo anche per gli spazi vuoti e la decompressione. Se non proteggi il tempo per te stesso, nessuno lo farà al posto tuo e i tuoi bisogni verranno divorati dalla routine e dagli impegni.
Devi "blindare" a inizio settimana o a inizio giornata dei momenti che saranno di non-fare, di non-impegno e che potrai usare per divertirti, rilassarti, fare sport o semplicemente… niente!
Prenditi l'impegno di fissare i tuoi non-impegni: non è necessario decidere prima quello che farai. Semplicemente… fai spazio.
Se hai una famiglia, non è impossibile: gioca con i tuoi figli a costruire una "agenda del relax", i bambini amano queste cose e sanno rispettarle. Alterna i tuoi spazi con quelli del tuo partner e costruite un'agenda degli spazi vuoti condivisa, in modo che durante il tuo spazio lui/lei possa occuparsi delle altre cose e poi farete viceversa.

LUNEDÌ	MARTEDÌ	MERCOLEDÌ	GIOVEDÌ	VENERDÌ	SABATO	DOMENICA
					mamma	papà
		per me!				
		per me!				
				per me!		
per me!						

Le relazioni sensibili

L'amicizia

Come persone altamente sensibili, in generale, siamo degli ottimi amici. Siamo affidabili, sinceri, abbiamo molta cura delle relazioni, siamo empatici, siamo molto presenti e corriamo in caso di bisogno, capiamo i sentimenti altrui, anticipiamo spesso i bisogni, siamo una spalla su cui piangere, sappiamo ascoltare e diamo buoni consigli perché sappiamo metterci nei panni degli altri. Una PAS se ti incontra ti chiederà come stai e ascolterà davvero la risposta, ti chiederà se sei felice, ti guarderà negli occhi mentre parli e se fai un'espressione diversa se ne accorgerà e ti chiederà se va tutto bene.

Dov'è la fregatura?

Ecco, la trappola è che spesso ci aspettiamo che gli altri facciano le stesse cose nei nostri confronti, dimenticando che la maggior parte delle persone non è altamente sensibile.

L'amicizia per noi è uno dei valori più alti. Siamo decisamente assolutisti rispetto a questo tipo di relazione. Diamo tanto, a volte tutto, dimenticandoci di noi stessi. Abbiamo un ideale di amicizia molto alto da raggiungere e per questo può succedere che ci sentiamo incompresi o traditi o delusi. Questo è uno degli errori che come ipersensibili facciamo: ci dimentichiamo di porre dei limiti a noi stessi, ci scordiamo che i rapporti sono fatti di reciprocità. È naturale per noi, fare, dare, nutrire il rapporto, ma ci dimentichia-

mo che nessuno ce lo ha chiesto, nessuno si aspetta da noi così tanto e che è qualcosa che facciamo perché è nella nostra indole. Siamo fatti così. Se non siamo consapevoli di questo e se non mettiamo dei limiti, corriamo il rischio di accumulare, inconsciamente, aspettative e pretese verso i nostri amici e di rimanere delusi se, nel momento in cui noi abbiamo bisogno, l'altro c'è, ma a modo suo e non a modo nostro.
Spesso poi facciamo fatica a esprimere apertamente il nostro dolore e la frustrazione, per paura di uno scontro e preferiamo scappare dall'intoppo, isolandoci, chiudendoci in noi stessi senza dare spiegazioni. In questo modo però non solo l'amico non potrà capire il nostro comportamento ed eventualmente imparare per il futuro, ma così facendo rinforzeremo negli altri l'idea che siamo strani, volubili, suscettibili e indecifrabili.

Penso spesso alla mia amica Lara ancora oggi... Alle elementari eravamo inseparabili. Ci scrivevamo lunghissime lettere piene di confidenze, di tenerezza. Non dimenticavo mai di aggiungere alla letterina un regalo: una gommina profumata, un pacchetto di figurine, un piccolo portachiavi... Tanto che la busta era sempre gonfia e faceva fatica a chiudersi. Ogni settimana il giorno stabilito ci scambiavamo le nostre lettere e anche se ci vedevamo in classe tutti i giorni avevamo mille cose da dirci sempre... So che la vita poi separa naturalmente le strade delle persone... L'università, diverse città... Ma ero certa che noi due saremmo state inseparabili per sempre, che avremmo comprato una casa al mare insieme e che avremmo cresciuto i nostri figli insieme...

Tutto, tanto, sempre: ecco ritornare questo mantra, che sembra guidare le nostre azioni se non ne diventiamo consapevoli.
Il desiderio di assoluto e di profondità ci può far diventare molto richiedenti all'interno di una relazione e anche se il nostro intento è di dare, alla fine ci sentiamo sempre in credito e accumuliamo risentimento. Può quindi succedere a volte che poi rompiamo un rapporto in modo improvviso, reagendo apparentemente in modo spropositato a una piccola offesa: l'altro non capisce però che quel-

la è solo la punta dell'iceberg e che da tempo la nostra frustrazione cresceva. In questo modo però rischiamo di perdere contatto con la realtà: è necessario alimentare la flessibilità in noi e allenarci a relativizzare.

> *Sono sempre io a mandare il primo messaggio per sapere come sta il mio amico. Fosse per lui non ci sentiremmo per giorni e poi quando ci vediamo è come se niente fosse stato.*

È importante comprendere che nessuna persona può rispondere pienamente al bisogno di intimità che abbiamo e dobbiamo apprezzare ogni amico per quello che di unico e prezioso può darci. Imparare a prendere da ciascuno il suo meglio e fare con amici diversi cose diverse non è superficialità: è realismo. Ed è anche il modo per alleggerire i rapporti e non caricare di tante aspettative ogni relazione, lasciando all'altro la possibilità di essere se stesso e di starci vicino a modo suo, magari un modo che non conosciamo e che potrebbe anche aiutarci a evolvere.

> *Io non capisco come certe persone possano avere tante conoscenze così superficiali: le amiche della palestra, il gruppo dell'apericena, le amiche-colleghe del lavoro, le amiche del ballo, il gruppo di amici da frequentare in coppia... Io lo trovo squallido e superficiale. Queste non sono amicizie sono semplici frequentazioni, l'amicizia è un'altra cosa!*
>
> *Non sopporto quelli che ti incontrano, ti dicono: "Ciao come stai?", e poi parlano solo di se stessi... Allora non chiederlo neanche.*
>
> *Il pranzo con i colleghi è uno dei momenti peggiori per me: tutti parlano di niente, si passa da un luogo comune all'altro, da notizie stupide su Facebook a cose dette per sentito dire... Solo per fare rumore e fingere di essere socievoli e interessati, che poi in realtà ognuno è preso nelle proprie cose e basta...*

Queste testimonianze di miei pazienti spiegano bene lo stile di rapporto ipersensibile:

- è intensivo (rapporto profondo con poche persone) piuttosto che estensivo (tante conoscenze ma meno intime);
- **mira alla profondità**;
- è intollerante alla superficialità;
- in genere ci sentiamo più a nostro agio in un **rapporto di amicizia uno a uno o in piccolo gruppo**, mentre all'interno di compagnie più numerose spesso diventiamo invisibili, un po' per le dinamiche naturali, dei gruppi un po' anche perché siamo noi a fare un passo indictro e isolarci.

Certamente se vogliamo vivere meglio la nostra sensibilità dobbiamo allenarci all'ascolto interno di noi stessi anche nei rapporti di amicizia. Se uscire con alcune persone ci fa sentire a disagio, non vediamo l'ora di andarcene, o anche solo sentiamo di non poter essere noi stessi, e se questo accade frequentemente e non una sola volta (cosa che può capitare), anche se sono gli unici amici che abbiamo dobbiamo fermarci e chiederci:
È salutare per me continuare a frequentarli?
La mia sensibilità è nutrita o in sofferenza quando sto con queste persone?
A volte dobbiamo avere il coraggio di fare pulizia nei rapporti per creare lo spazio affinché possiamo incontrare persone più in sintonia col nostro essere.
Dirò una cosa che a molti sembrerà spaventosa o egoista, ma è necessaria e molto terapeutica: dobbiamo essere selettivi nei rapporti.
Non mangeremmo mai un cibo maleodorante, giusto?
Non metteremmo mai in bocca qualcosa che sappiamo farci male, tipo un chiodo arrugginito raccolto da terra, vero?
Perché dovrebbe essere diverso nelle amicizie?
Essere selettivi significa solo questo: scegliere con cura chi ci fa bene ed evitare ciò che ci fa male. Teniamo a bada il senso di colpa o l'idea che così facendo siamo egoisti: un po' di sano egoismo serve eccome! Si chiama autoprotezione. E solo se stiamo bene noi, centrati, solidi, in pace, possiamo costruire relazioni buone, solide, pacifiche.

La coppia

Ci vorrebbe un libro a parte per trattare questo argomento. Ma sulla base della mia esperienza mi sento di dire che non c'è un assortimento di coppia migliore o peggiore, ma tutte le combinazioni possiedono risorse e difficoltà di cui essere consapevoli.
Un ipersensibile può amare un'altra PAS oppure un normosensibile. Può addirittura innamorarsi di una persona con difficoltà di empatia, un non-sensibile per così dire.
Non è detto che una coppia in cui entrambi sono HSP sia più duratura di una coppia mista.
Quello che fa la differenza è la consapevolezza con cui la persona altamente sensibile della coppia tratta se stessa, quanto rispetta – e fa rispettare al partner – la propria sensibilità, vivendola come peculiarità e risorsa e non come problema.
Certamente, una coppia di PAS avrà un terreno comune di empatia, un linguaggio simile che favorisce la comprensione reciproca e un vocabolario emotivo e sensoriale in comune: questo si è dimostrato – anche secondo gli studi della Aron – un elemento protettivo verso i conflitti. Cioè, una coppia di due PAS sembra litigare meno di una PAS-non PAS: sono minori i fraintendimenti, la sensibilità è simile e la disposizione a comprendere l'altro è più spiccata perché ci si identifica e l'empatia è reciproca.

> *Parliamo per ore, sembra che lui anticipi i miei pensieri, vediamo le cose nello stesso modo, è un paradiso...*

Tuttavia ci potrebbe essere anche il rischio che una coppia PAS-PAS sia eccessivamente auto-riferita, che si chiuda in se stessa e che quando uno dei due va in crisi anche l'altro crolli, rispecchiandosi nel suo dolore e amplificandolo, invece di sostenere il partner o di relativizzare.
D'altro canto, una coppia formata da un ipersensibile e un normosensibile porta con sé sicuramente maggiore complessità di gestione e maggiore fatica nel costruire una base comune tra i due

mondi differenti. La percezione della realtà può essere a volte profondamente divergente tra i due partner e la spiccata tendenza a empatizzare della PAS può sbilanciare il rapporto e renderlo particolarmente faticoso per lei/lui, se anche l'altro partner non sviluppa una consapevolezza di sé e una buona intelligenza emotiva.
Le PAS in questi casi, per compiacere o credendo sia bene per la relazione, rischiano di sfiduciarsi e di togliere verità alle proprie sensazioni e al proprio modo di leggere la realtà, solo perché il partner non lo condivide. In altri casi il rischio è che la sensibilità sia valorizzata nei suoi aspetti nutritivi e costruttivi per l'intimità e poi però svalutata quando va a esplicitare aspetti difficili della coppia o richiede anche al partner una crescita personale.
Certamente questa coppia però rappresenta anche una straordinaria sfida evolutiva e di crescita interiore per entrambi i partner, che imparano l'uno dall'altro a regolare pesi e misure, distanza e vicinanza, limitandosi a vicenda negli eccessi da entrambi i lati.
Naturalmente, la manutenzione della vita di coppia non è semplice in nessun caso e necessita di cure costanti: l'amore, la fiducia e il rispetto delle reciproche diversità fa la differenza tra una relazione sana e duratura e le altre.
Tutto quanto abbiamo detto riguardo all'amicizia vale anche per i rapporti di coppia.

> *Quando ho una cotta divento totalmente irrazionale... sento che la mia felicità dipende dall'altro e vado in ansia.*

La tendenza a darci senza limiti, la delicatezza delle percezioni, il desiderio di intimità, la capacità di nutrire e costruire. Ma anche la facilità con cui siamo feriti e la difficoltà di essere compresi nelle sfumature della nostra sensibilità. Sono aspetti da tenere in grande considerazione sia per noi ipersensibili sia per chi sceglie di stare con noi.
L'ipersensibilità è un "pacchetto completo": o si prende tutto quel che ne consegue o il rapporto diventa complicato. Un partner HSP porta molte e straordinarie risorse alla relazione, ma richiede anche tanta "manutenzione".

Una PAS in amore ha spesso le **emozioni sottopelle**, sia quelle piacevoli, rendendo la relazione calda, avvolgente, intima, sia quelle difficili, che vanno anch'esse accettate e contenute dalla coppia.
Un ipersensibile sa **decodificare con precisione emozioni** e sentimenti del partner, per cui è necessario che questi sia consapevole che il proprio mondo interno sarà spesso percepito o portato allo scoperto dalla PAS.
Il sesso per le PAS non è preso alla leggera: per aprirci all'intimità dobbiamo essere coinvolti non solo con i sentimenti, ma anche mentalmente; le persone sensibili potrebbero essere definite *sapiosexual*, cioè persone che ritengono estremamente importante la sintonia intellettiva per l'intimità sessuale e per le quali empatia, scambio cognitivo e dialogo fungono da preliminari erotici e amplificatori dell'amore.
Una PAS tende a vivere le **discussioni** in modo più doloroso e intenso e a essere sopraffatta durante i conflitti: spaventandosi molto, può diventare reattiva oppure chiudersi a riccio, percependo internamente in ogni caso un senso di sgretolamento drammatico. Se il problema non viene risolto, poi, è probabile che somatizzerà l'accaduto anche per diversi giorni, dimenticandosi di prendersi cura di sé finché non ha fatto pace.
La PAS **iperinveste sulle parole**, il dialogo, il capire, lo spiegare e lo spiegarsi. È una risorsa che però va gestita consapevolmente e in certi momenti limitata.
Una PAS è **assolutista** anche in amore e ha una visione molto romantica della vita: vuole dare tutto alla persona amata, ma chiede altrettanto. Una relazione superficiale snerva la persona sensibile, tanto quanto la gestione di più pretendenti.
Spesso un ipersensibile può essere giudicato da un partner non-PAS come bisognoso di attenzioni: in realtà è solo più **capace di stare in contatto con le proprie parti delicate e vulnerabili**, non si vergogna di mostrarle e nemmeno di chiedere aiuto.
Allo stesso modo è frequente che il partner ipersensibile trasmetta involontariamente al partner non-PAS un senso di aspettativa che lui/lei "viaggi" alla sua stessa velocità e profondità, lasciando al

compagno/a un vissuto quasi di inadeguatezza. La Aron conferma che una non-PAS non può funzionare come un ipersensibile, ma può avvicinarsi a comprendere le caratteristiche dell'ipersensibilità e armonizzarvisi, a seguito però di una fase di apprendimento o di un training vero e proprio o spinto da una forte motivazione alla relazione.
La PAS ha necessità di nutrirsi con **dialoghi profondi**, di sapere cosa prova il partner, di "parlare d'amore", di riflettere sulla relazione anche se va tutto bene. Difficilmente una PAS insabbia i problemi: se non riesce a parlare apertamente di un disagio saranno i suoi modi o il suo corpo a parlare per lei/lui.
Dalla mia esperienza ritengo che sia utile tenere a mente alcuni obiettivi su cui la persona altamente sensibile dovrebbe applicarsi nella vita di coppia.

- Imparare a stare in coppia senza annullarsi, trovando la giusta misura tra dare e ricevere, tra pensare all'altro e aver cura di sé.
- Aprirsi senza farsi male: sta a noi sentire quando ci stiamo esponendo troppo e stiamo mostrando parti delicate di noi che l'altro non può o non sa gestire o addirittura svaluta.
- Trovare la buona vicinanza: un po' come i porcospini di Schopenhauer che per non sentire freddo si avvicinano, pungendosi, ma allontanandosi tornano a sentire il gelo, dobbiamo costruire la nostra buona vicinanza in cui poter essere noi stessi, con la nostra sensibilità, ma insieme all'altro.
- Imparare a gestire la separazione: fase che per le PAS è particolarmente critica e che tendono a evitare inconsciamente, anche a costo di restare in una relazione dannosa, pur di non affrontare il doloroso processo di separazione e accettare che quella relazione è terminata.
- Trovare l'equilibrio tra empatizzare e proteggersi: nella vita di tutti i giorni o durante le crisi, impariamo a limitare la tendenza metterci nei panni altrui, avendo cura della nostra sensibilità e dei nostri bisogni, per evitare di andare in crollo uscendo totalmente da noi stessi.

- Non essere assolutisti e accettare che nessun partner potrà corrispondere a tutte le nostre aspettative e soddisfare pienamente i nostri bisogni.
- Trovare l'equilibrio tra idealizzare il partner, aspettandosi da parte sua la nostra stessa sensibilità, e esserne delusi.
- Imparare a chiedere rispetto per la nostra sensibilità invece di giustificarci e imparare a proteggerci o allontanarci dalla relazione se questo non accade.
- Proteggerci dai conflitti che ci sfiniscono, imparare strategie alternative di problem solving e scegliere con cura le "battaglie" in cui vale la pena impegnarci.
- Trovare l'equilibrio tra percepire tutto e lasciar andare: il fatto che sentiamo molti stimoli sotto-soglia non significa che dobbiamo esplicitarli tutti o soffermarci su ciascuno. Imparare l'arte del lasciar correre, decidendo dove mettere le nostre energie e dove risparmiarle, è una sfida che per noi ipersensibili può richiedere tutta una vita, ma che è terapeutica da molti punti di vista.

Questi sono gli obiettivi su cui lavoro per esempio nel mio counseling individuale per ipersensibili **Fiorire è il fine**©: proprio perché lo scopo del percorso di crescita di una PAS non è snaturarsi, conformarsi o annullarsi, ma al contrario sbocciare, fiorire, diventare pienamente se stessa.

Mi è capitato diverse volte di verificare che c'è una propensione delle PAS per i **legami a distanza** o addirittura solo **virtuali**, in cui c'è poca o nessuna presenza fisica, ma molta vicinanza mentale e molta idealizzazione.

> *Stare con lui mi aiuta moltissimo: è il mio migliore amico, il mio coach, il mio ragazzo. E non importa se ci parliamo per lo più via chat e ci vediamo poco.*

Un altro aspetto degno di nota è il caso della **PAS che ama un partner** diametralmente **opposto nella sensibilità** o addirittura con problematiche di empatia. E qui le cose si complicano.

Annovero in questo ambito anche la grande fascinazione che la **personalità narcisista**, con quell'aura seducente, brillante e irraggiungibile, esercita sulle persone altamente sensibili e da cui la PAS esce – quando riesce a uscirne – con le ossa rotte. Affascinante e ricco di importanti risorse individuali, il partner narcisista dentro una relazione intima tuttavia svela una serie di lati ombra particolarmente problematici. Prendo a prestito le parole di Umberta Telfener, una delle massime esperte in questo tema, che nel suo *Ho sposato un narciso* spiega come questi sia caratterizzato da:

- una percezione della realtà auto-riferita;
- un forte investimento sull'immagine di sé;
- un'autostima oscillante tra grandiosità e disistima;
- la fuga come autodifesa;
- la negazione della propria debolezza;
- una scarsa o non autentica empatia;
- una difficoltà a tollerare l'ambivalenza tipica delle relazioni lunghe;
- un'incapacità a responsabilizzarsi rispetto al proprio contributo nei conflitti di coppia.

Potremmo dire che il narcisista rappresenta l'estremo opposto di una PAS, la quale, inconsciamente, lo idealizza, perché vede in lui/lei erroneamente un'immagine di forza, freddezza e intoccabilità. Contemporaneamente la PAS risulta molto funzionale alle dinamiche del narcisista, poiché nella relazione il partner sensibile tende a compensare la mancanza di empatia, di intimità e di consapevolezza del partner narcisista, facendo sempre di più, assumendosi anche responsabilità non proprie, colpevolizzandosi e lasciandosi incolpare, anche ingiustamente, pur di ristabilire il clima di armonia tanto desiderato dalla PAS, finendo però per esasperarsi.

C'è da domandarsi in questi casi se la persona altamente sensibile stia reiterando senza rendersene conto un trauma antico, ripetendo col partner un modello di attaccamento doloroso e disfunzionale sperimentato nell'infanzia con qualche figura di riferimento poco sensibile, fredda, distanziante, o trascurante.
C'è da chiedersi se oltre all'amore di coppia, ci sia in gioco il tentativo di riparare una mancanza di amore da parte di un genitore, e lo sforzo della PAS di far andare le cose diversamente, cercando di "farsi amare" – adesso e finalmente – da un partner particolarmente difficile e non disponibile emotivamente, come non era avvenuto nell'infanzia.
Ogni relazione d'amore adulta è sempre e per tutti anche un importante spazio di riparazione delle nostre ferite infantili e di costruzione di nuovi modelli più evoluti: perché è da bambini, con mamma e papà, che abbiamo interiorizzato il (loro) modo di amare e quindi il nostro imprinting sull'amore. Sia le PAS sia i narcisisti hanno una ferita nell'amore e contemporaneamente sono affamati di amore. Entrambi hanno qualità straordinarie da portare in una relazione, a condizione che entrambi diventino consapevoli delle proprie modalità automatiche e reattive. In tali situazioni, proprio perché la coppia sia un luogo costruttivo e non distruttivo, può essere utile affrontare queste dinamiche in psicoterapia.

La relazione con se stessi

A chiamarla così fa meno paura, vero? Stare in compagnia di se stessi. Ma a nominarla con il proprio nome, la solitudine, ci spaventiamo e ci facciamo prendere dai peggiori incubi di abbandono, isolamento, depressione.
Facciamo fatica a considerare la relazione con noi stessi come la prima relazione da costruire, fondamentale, alla base di tutte le altre. E facciamo fatica a considerare che solitudine, vuol dire semplicemente avere una buona relazione con se stessi, volersi bene e

fare esperienze per conto proprio, costruirsi come individui interi, consolidare la propria autostima e il senso di autoefficacia.
Stare in compagnia di se stessi è una profonda fonte di nutrimento e rigenerazione per noi PAS e non ha nulla a che vedere con l'isolamento, in cui a volte scivoliamo per altri motivi.
Dobbiamo imparare a usare la solitudine come se fosse la nostra stanza dei giochi e rintanarci lì tutte le volte che ne sentiamo il bisogno senza colpevolizzarci o vergognarci.
Troppe volte ascolto persone in studio che mi dicono di sentirsi incomplete senza un partner. Altre persone avrebbero desiderio di fare esperienze in solitaria (andare al cinema, a una mostra o in vacanza per qualche giorno senza compagnia), ma non lo fanno per paura del giudizio altrui o per una strana convinzione secondo cui se sono da solo significa che non sono una persona normale, non sono amabile, sono sfortunato e chi più ne ha più ne metta.
Fare da soli non vuol dire essere soli al mondo.
In alcune lingue diverse dall'italiano ci sono espressioni che rendono bene la ricchezza psicologica e la varietà di sfumature dentro la parola solitudine. In inglese c'è la bella espressione *on my own*, per conto proprio. In portoghese, *saudade*: un sentimento nostalgico di malinconia, di gusto romantico della solitudine, accompagnato da un intenso desiderio di qualcosa di assente. In tedesco, *Waldeinsamkeit*: la sensazione di essere da solo in un bosco. In finlandese addirittura c'è una parola, *kalsarikännit*, per definire il gusto di bere del vino da solo a casa propria. La nostra cultura europea – a differenza di quella americana – ha alla base un ideale romantico e creativo della solitudine (i poeti romantici, i *bohemiennes*) che fa parte del nostro bagaglio culturale e psichico. "Nell'immaginario collettivo, la solitudine indica la difficoltà a condividere con gli altri e perciò una problematica, più o meno grave, nella socializzazione. Ma nella realtà psichica, la capacità di stare in compagnia di se stessi è il risultato dell'ascolto del proprio mondo interiore e si raggiunge con l'esperienza e con la saggezza", conferma la psicologa Sale Musio, che ha studiato a fondo la

personalità creativa. La capacità di stare da soli è un presupposto indispensabile dell'equilibrio emotivo e della salute mentale.
Esistono nuovi studi sul senso di isolamento che affermano, che in dosi modeste, dovremmo accoglierlo con gioia. "Finché riusciamo a fare quello che dovremmo fare – cioè a mantenere i contatti con le persone – il senso di isolamento è una cosa positiva", spiega la psicologa tedesca Maike Luhmann, "perché è un segnale inviato dalla nostra psiche per avvertirci che qualcosa non funziona".
L'empatia, l'altruismo naturale degli ipersensibili e la nostra tendenza a dare, ci spingono a prenderci cura dei bisogni degli altri come se si trattasse dei nostri, causando spesso una sorta di cecità nei confronti del nostro stesso sé. Stare in compagnia di noi stessi è un ottimo rimedio quindi per calibrare la bussola interna sui nostri bisogni, regolare la soglia di attivazione neurologica, ripulirci dall'eccesso di stimoli, lasciar decantare le esperienze e dare il tempo al nostro sistema di ricentrarsi.

E ORA... FAI PRATICA!

Fai gli esercizi dei capitoli:
- *"L'empatia e i confini";*
- *"Disciplinare l'attenzione";*
- *"Decompressione del corpo".*

Allenati alla relazione con te stesso

- Piuttosto che passare molte ore da solo una volta ogni tanto prova a ritagliarti un po' di tempo ogni giorno per stare con te stesso: basta mezz'ora, un'ora se puoi, senza computer, cellulare, Tv.
- Comincia a fare piccole esperienze per conto tuo, non grandi cose: commissioni, shopping.

- Nota se il tuo bisogno di essere con qualcuno è più presente quando fai esperienze piacevoli o spiacevoli.
- Osserva quante persone sono per conto proprio: nei bar, al ristorante... Guardale senza pregiudizi come fossero maestri da cui imparare.
- Nota quanto la sensazione di essere osservato o giudicato dagli altri non sia reale ma derivi più che altro da un giudizio interno che ti dai tu stesso e da uno sguardo svalutante verso te stesso.
- Quando ti senti pronto, prova ad alzare l'asticella: scegli un film al cinema, un orario e un giorno non particolarmente affollati e vai per conto tuo a gustarti la proiezione; vai al mare una giornata da solo, con un libro; e perché no, se ti va, prova, a pranzare o cenare da solo al ristorante: ti accorgerai di un mondo meraviglioso dentro e fuori di te che hai sempre temuto e che invece è fonte di grandi ispirazioni.

La comunicazione sensibile

Prova a tenere un diario delle comunicazioni difficili con le persone care.

CON CHI È AVVENUTA LA COMUNICAZIONE? SU QUALE ARGOMENTO? DESCRIVI	QUAL È STATA LA DIFFICOLTÀ?	COSA VOLEVI VERAMENTE DALLA PERSONA E DALLA COMUNICAZIONE?	COSA HAI OTTENUTO DI FATTO?	CHE COSA VOLEVA L'ALTRA PERSONA VERAMENTE? CHE COSA HA OTTENUTO?	COME TI SEI SENTITO DURANTE? E DOPO?
Con mio marito sulla scelta delle vacanze...					

Lavoro e sensibilità

Una coesistenza difficile

Diversi autori hanno sottolineato le difficoltà del tratto ipersensibile ad adattarsi ad alcuni ambiti lavorativi: spesso l'ambiente lavorativo viene percepito come uno scenario ostile e complesso. La competitività, la rigidità strutturale, le valutazioni professionali, ma anche i suoni continui e le conversazioni forzate ci sfiniscono mentalmente, esaurendo le nostre energie. Poche volte vengono apprezzate le nostre eccezionali capacità che più spesso, in certi ambienti, vengono svalutate e ritenute limiti alla produttività.
È una realtà che l'essere umano deve essere nelle migliori condizioni facilitanti per rendere al massimo: e questo vale ancora di più per le PAS.

> *Spesso già dalla domenica sera vengo preso da una specie di malessere, un misto di ansia, di voglia di starmene nascosto e di nostalgia... Mi prende come nella pancia. Anche i miei amici il lunedì sono svogliati, ma sento che per me è qualcosa di diverso... E non ne posso parlare con loro, mi prenderebbero in giro...*

Sensibili al caos

Un ambiente lavorativo rumoroso, caotico, con luci eccessive oppure in cui l'interazione personale è continua e a vari livelli (faccia a faccia, telefonica, via mail) provoca una sovraeccitazione nel nostro sistema neuronale. Di conseguenza ci stanchiamo fisicamente ed emotivamente più degli altri a causa del continuo sforzo per adattarci a un contesto poco favorevole alla nostra caratteristica.

L'ufficio open space mi irrita terribilmente, non riesco a concentrami a causa delle voci, i telefoni, il costante passaggio di persone. Alla fine mi sono fatto coraggio e ho dato ascolto al mio bisogno: quando mi serve silenzio e concentrazione prendo le mie cose e mi sposto in sala riunioni o in qualunque altro ufficio libero per il tempo che mi serve a lavorare.

Sensibili ai bisogni sommersi

Un altro fattore critico è che la PAS è in grado di anticipare molte necessità che sorgono nell'ambiente di lavoro: la nostra empatia e la nostra acuta capacità di osservazione ci permettono di cogliere i segnali di bisogni, domande o necessità non ancora espliciti. Siamo come un "radar": qualsiasi alterazione, disfunzione o problema sul posto di lavoro viene intercettato in anticipo. Questo ci porta spesso a essere in un costante stato di allerta e ansia e ad assumere responsabilità altrui. Non lo facciamo per la necessità di compiacere gli altri, ma perché capiamo che va fatto. A lungo andare, questo però può farci sentire sopraffatti.

Mi capita di tenere in bozza delle mail per giorni: soprattutto se devo rispondere a delle mail difficili, da cui intuisco problemi non detti o implicite richieste... lo scrivo e riscrivo la risposta diverse volte prima di inviarle e mentre lo faccio ho sempre un po' di agitazione.

Ogni persona, ha bisogno di sentirsi valorizzata nel lavoro per essere produttiva e dare il meglio di sé. Le persone altamente sensibili hanno bisogno di qualcosa in più: di un habitat vero e proprio in cui poter fiorire e in cui sentirsi emotivamente e psichicamente bene per essere produttive e creative. E allora ognuno di noi deve crearle queste condizioni facilitanti, valutando quanto l'ambiente professionale è o no in sintonia e che margine c'è per poter fare alcune modifiche che aiutino la nostra produttività e il nostro benessere.

Sensibili all'eccessiva esposizione

Spesso veniamo presi da una sorta di inerzia e di paura di esporci. Questo può accadere sia se stiamo cercando un lavoro, o anche se stiamo già lavorando e dobbiamo semplicemente fare qualcosa di nuovo o di più impegnativo della routine. Per non parlare se dobbiamo affrontare i colleghi o il capo.

> *Stavo andando a portare il curriculum in un'agenzia dove lavora un mio amico. Sono arrivato in prossimità e ho visto che non c'era il mio amico in ufficio ma il fratello. Non sono entrato. Ma nemmeno ho chiesto quando potevo trovare il mio amico. Mi si è bloccato qualcosa e in automatico ho girato i tacchi e sono tornato a casa.*

Sensibili al potere

A volte ci paralizza doverci interfacciare con qualcuno di autorevole o che noi riteniamo tale, rischiando così di diventare compiacenti o sottomessi e a volte di disconoscere i nostri stessi diritti.

> *Volevo parlare col capo per capire se mi avrebbero o meno rinnovato il contratto. Ho dovuto aspettare il momento giusto, qualche giorno, poi ho guardato il suo planning. Quel pomeriggio in effetti non ho combinato molto perché lo stavo aspettando con ansia.*
> *Mi sono preparato l'inizio, la prima frase altrimenti mi sarei impappinato. E poi sono andato (...)*
> *Ho scoperto che posso farcela, che posso sollevare una richiesta e che esisto, che non sono un numero... Posso far sentire la mia voce. Mi sono piaciuto!*

Sensibili ai ruoli

Non solo a quelli altrui. Spesso ci dimentichiamo di rivestire noi stessi un ruolo. E tendiamo a prendere sul personale avvenimenti esclusivamente lavorativi. Il ruolo è un insieme di competenze e conoscenze che ci proteggono dall'eccessivo investimento personale: è come una divisa, un vestito da indossare e togliere che ci permette di ricordarci i confini.

Sensibili alle valutazioni

Ci sono professioni che ogni 6 mesi o meno sottopongono a valutazione ogni dipendente. Ho visto malanni ricorrenti e puntuali somatizzazioni in prossimità di questi eventi, crisi di ansia, insonnia, gastriti e chi più ne ha più ne metta. Se non sviluppiamo autostima, centratura e assertività facilmente possiamo cadere vittime di un tale meccanismo e possiamo farci molto male dal punto di vista della saluta sia fisica che psicologica.

Valorizzare le nostre peculiarità

Nella mia esperienza clinica, mi sento di confermare che ambienti di lavoro eccessivamente competitivi, valutanti e individualisti creano delle condizioni sfavorevoli al benessere di noi ipersensibili. Allo stesso modo, luoghi di lavoro alienanti, estremamente meccanizzati, o fortemente caotici possono dare dei problemi alla nostra sensibilità. Ma queste affermazioni non devono essere assolutizzate: molte HSP che hanno efficacemente lavorato su se stesse, che sono solide e centrate o che hanno vissuto, nell'infanzia e nell'età adulta, esperienze nutritive e rinforzanti la propria autostima, possono e hanno piacere a ricoprire ruoli molto performanti e stressanti, poiché vivono la professione come stimolo alla crescita personale e le sfide lavorative come sfide verso se stessi. Tutto dipende – non mi stancherò mai di ripeterlo – da quanto ci si prende cura della propria sensibilità e da quanto la si usa come un dono anche nel lavoro.
Non è raro a questo proposito trovare dei manager e dei leader d'azienda ipersensibili: naturalmente il loro stile di leadership dif-

ficilmente sarà autoritario, ma più spesso si fonderà su altre caratteristiche, non meno funzionali, come l'empatia, la compartecipazione e la creazione di un buon team.
Secondo Goleman esistono sei stili di leadership:

- **Leader visionario**, che condivide con i dipendenti la *mission* e la *vision*, l'obiettivo finale e crea in azienda un clima particolarmente positivo.
- **Leader coach**, che crea una connessione fra la *mission* aziendale e i bisogni e valori del singolo lavoratore, valorizzando lo staff.
- **Leader democratico**, che valorizza ogni dipendente, ne cerca l'appoggio o il consiglio prima di prendere decisioni e crea un ambiente partecipativo, che responsabilizza e valorizza ogni singolo membro del team.
- **Leader sociale**, il suo obiettivo è creare armonia nel team e nei rapporti.
- **Leader battistrada**, un precursore, colui che traina il gruppo ed è focalizzato sull'obiettivo.
- **Leader autoritario**, una persona che preferisce farsi rispettare che farsi ammirare dallo staff. Impone la *vision*, in modo esplicito o implicito crea sensibili asimmetrie nelle relazioni, non accetta repliche. Motiva il personale in modo coercitivo ("Non accetto fallimenti, altrimenti..."), crea un clima aziendale nel quale i singoli difficilmente si prendono responsabilità, per paura di deludere il leader.

Mi è capitato spesso di incontrare leader ipersensibili, ma facevano naturalmente parte delle prime quattro categorie e non tentavano di snaturarsi cercando di essere in un altro modo.

Ricordo un manager PAS, a capo di una grande azienda, che prima di ogni nuova acquisizione aziendale, passava personalmente del tempo nella nuova fabbrica da assorbire:

Per me non è tempo perso... Spendo una giornata intera a passeggiare tra i dipendenti, ad ascoltarli, a guardare come lavorano; voglio conoscere i dirigenti, parlo a lungo con i titolari. Non mi interessa tanto spulciare i bilanci, per quello ho i miei consulenti. Io voglio capire quale è la realtà di quella azienda, prima di rilevarla, quali sono i valori di fondo e come è il clima in cui si lavora.

Allo stesso modo, ci sono ipersensibili estroversi, lo abbiamo detto, che non temono di parlare in pubblico o di mettersi sotto i riflettori e che svolgono lavori sottoposti a grandi pressioni con successo e gratificazione. Bravissimi venditori e agenti, capaci di comprendere e anticipare i bisogni dei clienti e di fornire prodotti e soluzioni *ad hoc*.

Il cliente mi ha fatto i complimenti perché gli avevo fatto un preventivo su un disegno seguendo le sue richieste, ma poi ripensandoci mi sono venute in mente alcune idee, ho studiato un po' le nuove tendenze di design, ho cercato materiali diversi e ho buttato giù un progetto decisamente diverso ma molto più creativo. Avevo paura quando gliel'ho proposto, ma alla fine era entusiasta.

Quindi, **facciamo attenzione a non creare un pregiudizio sui ruoli che possiamo o non possiamo ricoprire come persone altamente sensibili.**

Troppe volte ho letto che la nostra empatia, la nostra sensibilità ci renderebbero adatti a compiti artistici e creativi, a lavori di cura e di aiuto, possibilmente in solitaria o in piccolo gruppo. Certo molti artisti erano e sono ipersensibili. Molti scrittori, insegnanti, psicologi, creativi, musicisti lo sono. Ma mi indispettisce questa autolimitazione che non trovo pienamente aderente alla realtà.

Daniel H. Pink, un esperto nel campo della motivazione lavorativa, la pensa allo stesso modo e afferma infatti che il futuro delle organizzazioni intelligenti è l'alta sensibilità. Afferma che il modello attuale delle grandi aziende e organizzazioni sta cambiando e necessita di un **capitale umano più intuitivo, creativo e sensibile** all'ambiente circostante per anticipare ciò di cui la società ha bisogno. Pink dice che "il potere del cervello destro" è uno strumento valido per percepire e anticipare i nuovi mercati. Gli ambienti di lavoro oggi hanno bisogno di persone capaci di apportare un capitale umano unico ed eccezionale in cui la creatività e l'intuizione siano due strategie molto potenti.

Le persone altamente sensibili dispongono di un profilo ideale a tale scopo: sono visionarie, intuitive e capaci di vedere le cose in prospettiva, mai in modo riduttivo, parziale o disprezzante. Sono riflessive e creano un buon ambiente sociale. A loro volta, sono vigili, cercano l'eccellenza in tutto ciò che fanno e contagiano gli altri con spirito innovativo.

Io stessa posso confermare che niente ci è precluso come PAS. Le mie attività si svolgono in modo molto variegato. Passo diverse ore nel mio studio, confortevole e silenzioso, con le persone che si rivolgono a me in una relazione professionale terapeutica uno a uno. Altro tempo lo trascorro al computer per scrivere. Ma non posso dire che come ipersensibile mi trovi più a mio agio così che in un'aula con trenta manager dove spesso conduco la formazione aziendale o parlando a una platea di oltre cento persone a un evento pubblico o ancora in un tribunale dove faccio la consulente tecnica. Ancora una volta, tutto sta nel tempo di cura, di pulizia e di decompressione che ognuna di queste attività comporta.

Quando ero più giovane e ancora non maneggiavo bene la mia alta sensibilità, all'inizio del mio lavoro, non conoscevo bene i rituali che l'ipersensibilità nel mondo moderno richiede: una sorta di igiene personale che va fatta per continuare a stare nella Zona di Benessere. Mi capitava spesso di essere in aula la mattina a tenere una lezione, mangiare un panino al volo, spostarmi in auto o con i mezzi fino al mio studio e lavorare con i pazienti per tutto il pomeriggio. La sera arrivavo devastata, spesso con sintomi di crollo fisico, come mal di testa o stanchezza muscolare e sfinita poteva capitare che mi addormentassi alle nove oppure se la giornata era stata particolarmente stimolante che facessi fatica anche a riposare.

Con il tempo e con l'esperienza (facendomi male diverse volte prima di arrivare a capire qual era la cosa giusta per me), ho imparato a dosarmi, a misurare le energie, a pianificare in anticipo dei tempi vuoti e a limitarmi. Oggi, dopo quindici anni di esperienza e dopo parecchio lavoro su me stessa, se ho una giornata come quella che ho descritto, il giorno prima e il giorno dopo mi tengo degli "spazi cuscinetto", di vuoto o di svago, ma comunque senza attività finalizzate a un obiettivo e cerco di organizzare, quando posso, le giornate con un'alternanza armonica di cose da fare e di spazi liberi, non frammentata ma nemmeno monotona: ricordiamoci che noi ipersensibili abbiamo comunque sempre bisogno di essere eccitati e stimolati da ciò che facciamo altrimenti cadiamo nella nostra "botola" di isolamento dalla realtà.

> *Non posso cambiare la direzione del vento,*
> *ma posso aggiustare le vele*
> *per raggiungere sempre la mia destinazione.*
> Elif Shafak

Lo studio

> *Andare in aula studio in università per me è impossibile. Frequento solo le lezioni e poi per studiare torno a casa, dove so che non c'è nessuno e trovo il silenzio più totale, ho il mio spazio, la mia scrivania, le mie cose.*

Ricordate tutto quanto abbiamo detto riguardo all'attenzione? Il rischio del multitasking. La frammentazione dell'attenzione su molti stimoli simultanei ne determina un impoverimento. Abbiamo detto che l'attenzione è fatta per elaborare uno stimolo per volta e che, se si divide, perde potenza e capacità di ottenere risultati. Abbiamo anche imparato però che come PAS siamo dotati di un cervello particolare che attua costantemente un processamento profondo e simultaneo di molti stimoli, espliciti e impliciti nell'ambiente, consumando molta energia.

> *Per prepararmi all'esame sono andata a studiare in cantina. Quando mia madre è scesa a stendere i panni mi sono infuriata con lei... Possibile che non capisca? Le ho spiegato che avevo bisogno di essere lasciata in pace.*
> *Lei mi dice che sono strana e che non ha fatto nulla di male, stava solo stendendo. Lo so, ma poi ci ho messo un sacco di tempo a riprendere la concentrazione.*

Tutte queste cose vanno tenute presente quando dobbiamo studiare o apprendere qualcosa di nuovo.
Ma c'è di più: fisiologicamente, se ci distraiamo nella fase in cui cerchiamo di ricordare qualcosa, la memoria viene disturbata solo temporaneamente e ricorderemo ciò che ci interessa poco più tardi. Ma se siamo distratti nella fase in cui stiamo apprendendo nuove informazioni (quindi durante lo studio per esempio), è probabile che non le ricorderemo più, come se non fossero mai state acquisite. Questo avviene perché la codifica e l'apprendimento di nuove informazioni richiedono al cervello tempo e attenzione: beni preziosissimi per tutti e in particolare per noi ipersensibili.
Quindi è indispensabile per noi creare le condizioni migliori perché la nostra attenzione si focalizzi solo sul contenuto che vogliamo apprendere.

Troverai alcuni suggerimenti e metodi utili negli esercizi che seguono.

E ORA... FAI PRATICA!

Allenati con gli esercizi dei capitoli:
- *"L'empatia e i confini";*
- *"Distinguere situazioni, pensieri, sensazioni ed emozioni".*

Studiare con efficacia

- Fai sessioni molto brevi di studio intervallate da brevi pause: 15 minuti di studio – 3 minuti di pausa; 30 minuti di studio – 5 minuti di pausa; fino a un massimo di 50 minuti per ogni sessione – con 10 minuti di pausa. Questo è il tempo massimo fisiologico dell'attenzione umana per ottenere una buona performance, oltre si comincia a incorrere in errori e distrazioni eccessive. Metti una sveglia o un timer in modo da non preoccuparti del tempo che passa e da concentrarti solo su di te.
- Utilizza tappi per le orecchie per schermare i rumori.
- Evita stimoli sonori distraenti: no alla musica, nemmeno rilassante, no alla radio, no ad altre persone; se sei una PAS devi diventare un monaco di clausura nei momenti dello studio; spiega le tue necessità a chi vive con te e chiuditi a chiave se lo ritieni utile.
- Evita stimoli visivi: no assolutamente alla Tv, ma nemmeno la scrivania davanti alla finestra è adatta.
- Fai molte pause, alzati e fai due passi: ora sì che ti fa bene guardare fuori dalla finestra e "perderti" per qualche minuto con l'attenzione fluttuante per rigenerarti, bere un bicchiere d'acqua, prendere un tè, fare due chiacchiere con qualcuno, ma non superare i 15 minuti di pausa.
- Evita caffè e sigarette.
- Evita di studiare la sera fino a tardi: creerebbe un *over-arousal* che impedirebbe sia il sonno sia il consolidarsi dei contenuti nella memoria a lungo termine.
- Usa strategie di apprendimento e imparane di nuove (ne trovi diverse online): schemi, mappe mentali, colori, evidenziatori... Tutto ciò che ti aiuta a focalizzare.
- Prediligi gli schemi fatti a mano e i libri cartacei: gli ebook e gli schemi su foglio elettronico non aiutano l'apprendimento. Le neuroscienze hanno confermato che le aree cerebrali dell'ap-

prendimento e della memoria sono strettamente connesse con le aree motorie della mano dominante. Significa che scrivere a mano ci aiuta ad apprendere più facilmente.

- Se per forza di cose, devi lavorare attraverso uno schermo (computer, tablet, cellulare ecc.) durante le numerose pause che ti consiglio di fare, pratica degli esercizi per sciogliere la muscolatura intorno agli occhi. È sufficiente fissare un punto vicino a te, poi distogliere lo sguardo e fissare un punto molto lontano mettendo ben a fuoco, magari guardando fuori dalla finestra, per poi tornare su un punto a mezza via tra i due. Fallo per un paio di minuti.

Costruire il benessere altamente sensibile

Colora il tuo fiore sensibile

Il circolo vizioso del malessere ipersensibile

Durante la mia pratica professionale di oltre dieci anni con persone altamente sensibili che si rivolgono a me come psicoterapeuta e attraverso il lavoro su me stessa, fatto per lungo tempo per comprendere e gestire questa caratteristica, ho potuto notare alcuni modi ricorrenti di comportarci. Si tratta di veri e propri **stili di funzionamento ipersensibile,** che hanno alcune caratteristiche:

- sono copioni, cioè schemi che si ripetono con la stessa modalità in diverse situazioni e che usiamo per affrontare le situazioni;
- sono trasversali, nel senso che li mettiamo in pratica in tutti gli ambiti della vita: nel lavoro, come nelle relazioni di coppia, verso gli amici, nell'educazione dei figli o nel nostro tempo libero, nello sport, come nelle cose da fare nel quotidiano;
- sono per lo più automatici, cioè scattano più o meno involontariamente senza che ce ne rendiamo conto;
- ci fanno stare male, perché finiscono sempre nello stesso modo disfunzionale o frustrante;
- ci accorgiamo che non sono buone strategie solo troppo tardi, ogni volta;
- la volta successiva, se non cominciamo a lavorarci e a modificarli, il tutto si ripete da capo.

Ti dice qualcosa tutto questo, vero?

La Zona di Benessere

Indipendentemente dall'ambito cui facciamo riferimento, tutti noi desideriamo essere con continuità in uno stato di benessere: concentrati, coinvolti in quello che facciamo, creativi, sereni, stimolati il giusto per essere produttivi mentalmente, non iperattivi, non in competizione, ma nemmeno abbandonati a noi stessi o annoiati. Applica queste caratteristiche alla tua vita di coppia, al lavoro, ai figli, alla tua vita sociale, alle attività del tuo tempo libero: vale un po' per tutto. Quando stiamo così, siamo in quella che io chiamo **Zona di Benessere Ipersensibile**. Questo è lo stato di grazia, la quotidianità che vorremmo mantenere e l'obiettivo a cui tendere. Ma non si può realisticamente restare fermi qui. Abbiamo cose da fare, faccende da sbrigare, risultati da portare, relazioni da nutrire. E poi ci sono gli imprevisti, le urgenze, le emergenze e i problemi. La puntualità, la fretta, le scadenze, il nostro perfezionismo, stare dietro a tutto, non venir meno a nulla, fare attenzione alla soddisfazione altrui, leggere il disappunto implicito, anticipare i problemi, cercare soluzioni. Se non gestiamo bene tutto questo è facile perdere l'equilibrio e sbilanciarci.

Circolo di malessere n. 1: funzionamento "tutto", dal benessere al crollo

Abbiamo già visto nella prima parte del libro come il nostro cervello altamente sensibile funzioni in modo diverso dalla maggioranza delle altre persone. In automatico tendiamo ad avere un funzionamento a interruttore: **tutto/niente, on/off**. È quello che abbiamo chiamato il motto degli ipersensibili: tutto, tanto, sempre. Applichiamo il tasto **on** al lavoro, alla vita domestica, alla gestione pratica delle faccende quotidiane, alle scadenze, alle relazioni, ai figli e pure come abbiamo visto al divertimento. In automatico, se non conosciamo la nostra sensibilità e non la gestiamo, funzioniamo col tasto girato su **tutto** la maggior parte del tempo. In

CIRCOLO DEL MALESSERE: SITUAZIONE N. 1

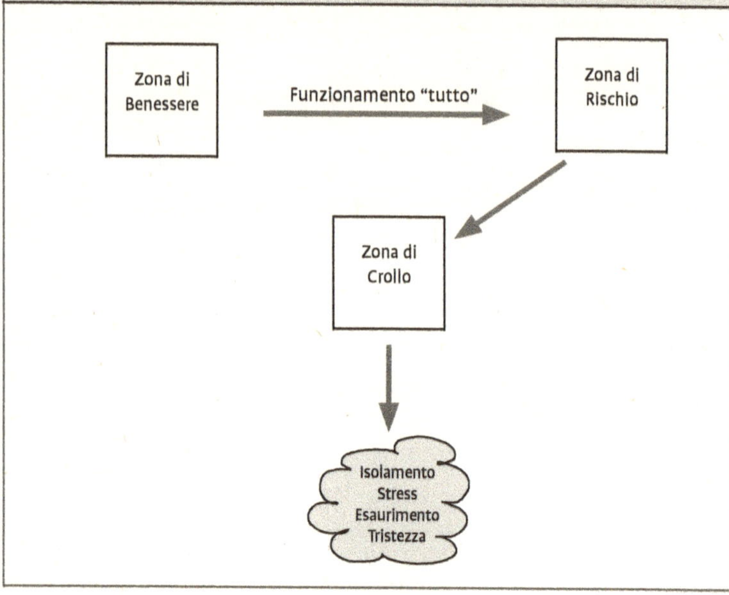

questo modo ci avviciniamo pericolosamente alla nostra **Zona di Rischio**, la situazione in cui siamo pericolosamente vicini al *burn out*, all'esaurimento, ma ancora abbiamo margine per evitarlo.

Siamo nella Zona di Rischio quando percepiamo che quella richiesta del capo va oltre le nostre possibilità, che quel comportamento del nostro partner ci ha ferito, che quella serata al ristorante non è quello di cui abbiamo bisogno, che abbiamo detto sì a quella proposta ma non ne abbiamo assolutamente voglia, che sul treno per rincasare la sera il vociare ci sta facendo sentire molto in ansia, che le sensazioni fisiche diventano pungenti.

Vorremmo solo premere il tasto "stop" e rintanarci in una stanza silenziosa. Ma in tutte queste occasioni, non diciamo e non facciamo nulla per proteggerci o per stare meglio, continuando così la modalità di **funzionamento tutto**, sperando di farcela o a volte pretendendo da noi stessi di tenere duro, rimproverandoci: "Sei sempre il solito! Possibile che gli altri ce la fanno e tu no? Insomma sforzati! Forse stai così perché hai l'influenza... No, sei solo debole! Sei troppo debole! Dovevi dire di no a quella cosa... Ma poi cosa avrebbero pensato?".

Questa – con diverse varianti – è spesso la cantilena che accompagna questi momenti.

La Zona di Crollo

L'esito è spesso inevitabile e lo sappiamo da noi che basterà una piccola cosa, insignificante, per farci andare in tilt.
Perdere il treno per un soffio, il collega che ci chiede un favore proprio a fine giornata, un po' di traffico, la borsa della spesa che si rompe facendo cadere tutto a terra, la cena che si brucia sui fornelli, un piccolo malinteso con il partner, un capriccio del bambino, una telefonata troppo lunga: la cosa più semplice ci farà esplodere, in lacrime, in rabbia, in autocommiserazione.
Siamo entrati nella **Zona di Crollo**.
C'è poco da fare ormai arrivati qui. Abbiamo superato il limite, uno o forse molti: fisico, mentale, non importa. Adesso l'unica cosa che vogliamo è spegnerci, dormire, svenire, sparire. Chiuderci in una stanza in silenzio e in penombra, senza che nessuno ci chieda più niente. Oppure piangere, come se si fossero aperti i rubinetti delle lacrime. Oppure sfogarci contro qualcosa o qualcuno, dissipando le ultime briciole di energia che ci rimane.
Abbiamo appena girato la levetta su **off**.
Ma non è molto utile farlo così, vero? Ci facciamo male per primi noi.
Non riusciremo a riposare né a staccare davvero perché se anche l'iperattivazione mentale ci desse tregua – e non è detto – ecco che tornerebbe il **Punzecchiatore** facendoci sentire inadeguati, in colpa per le nostre défaillance, vergognandoci di come siamo fatti e in

ansia per come potremo recuperare la situazione. Così una volta di più ci sentiremo dire – da noi stessi e da chi ci sta intorno – "Sei il solito", "Hai una delle tue crisi", "Ma chi ti capisce?", ripiombando in un vissuto di isolamento e incomprensione.

È in questa fase che possiamo sperimentare alcune spiacevoli sensazioni che ci fanno sentire quasi fuori dal corpo o non completamente radicati a terra, la sensazione di fluttuare, la testa come dentro un casco, o la sensazione di essere sott'acqua, o la percezione di essere così diversi dal resto del mondo da percepire uno stato di alienazione. Si tratta di fenomeni simili alla dissociazione, alla derealizzazione, alla depersonalizzazione, che però non sono annoverabili in sé e per sé sotto queste diagnosi: sono meccanismi di difesa e di ritiro delle PAS che hanno superato il proprio limite. Frequente in questa fase è anche l'esperienza di avere crisi d'ansia, che possono o no sfociare in un vero attacco di panico e possono portare poi a una reazione depressiva e al ritiro sociale.
La **Zona di Crollo** può durare da poche ore a giorni interi e più spesso questo schema si ripete più è difficile riprendersi e rientrare nella **Zona di Benessere.**

Circolo di malessere n. 2: funzionamento "niente", dal benessere al crollo (di nuovo!)

Una seconda modalità ricorrente che mi è spesso capitato di riscontrare nelle persone altamente sensibili è addirittura contraria alla precedente, ma purtroppo conduce allo stesso infelice finale.
In questo schema la strategia che l'ipersensibile mette in atto è quella di limitare al massimo le sollecitazioni, di ridurre gli stimoli a cui si sottopone, di rinunciare a molte esperienze, di inibire diverse reazioni: chiamo questo, il **funzionamento "niente"** o la **modalità "off"**, contraria al funzionamento "tutto" che abbiamo

decritto prima. Lo scopo è tentare di rimanere più tempo possibile nella Zona di Benessere limitando al massimo le situazioni che possono portarci nella Zona di Rischio. Tuttavia non sono le situazioni che ci conducono al sovraccarico, e quindi al crollo, ma è il nostro modo di affrontare le situazioni a farlo.
Non contraddire mai il tuo partner non basterà. Dire sempre sì ai colleghi che ti affibbiano il loro lavoro, non ti servirà. Sobbarcarti commissioni di parenti e amici per fare tutti contenti perché ti sarebbe troppo difficile rifiutare non porterà a nulla di buono. Evitare di farti trovare da quella persona, non rispondendo al telefono, non risolverà la questione.

Questi sono solo comportamenti di **evitamento**, che non solo non aiutano ma:

- ti fanno sentire un topo in gabbia, come se non avessi scelta;
- vivi costantemente con un senso di minaccia come se dovessi scappare da un immaginario pericolo;
- non sperimentando cose nuove, ti privi della possibilità di trovare nuove strategie;
- limiti senza rendertene conto il tuo spazio vitale a poche abitudini ripetitive, nella convinzione che questo ti proteggerà dal sovraccarico.

La conseguenza diretta è che rischi di abbassare eccessivamente la soglia di stimolazione, che per noi ipersensibili non deve essere troppo alta ma nemmeno troppo bassa, portandoti così in **under-arousal** (sotto-attivazione).

Il risultato? Finisci comunque nella **Zona di Crollo**, non per sovraccarico come nella situazione precedente, ma al contrario per assenza di stimoli, noia, isolamento, tristezza, inibizione, depressione.
La "fregatura" è che questi due schemi di comportamento ipersen-

CIRCOLO DEL MALESSERE: SITUAZIONE N. 2

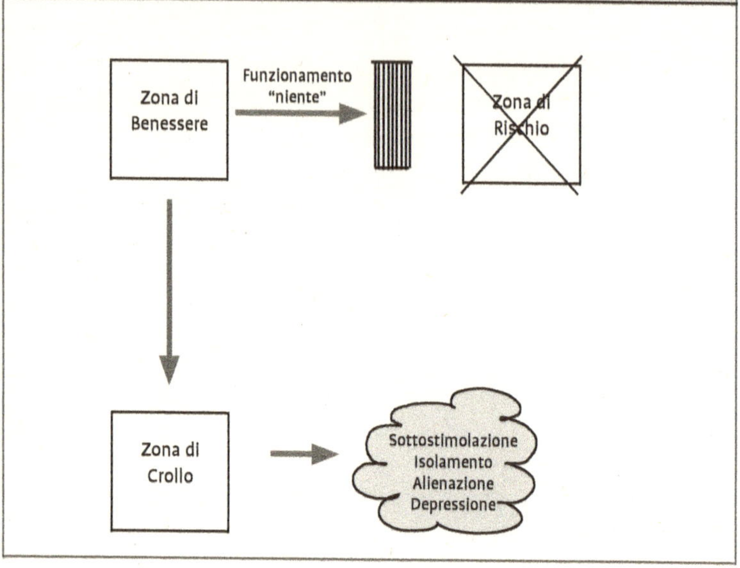

sibile – il **funzionamento "tutto"** del primo schema e il **funzionamento "niente"** del secondo – conducono sempre a un senso di malessere, di frustrazione e di crollo e possono presentarsi tanto da soli quanto in alternanza. Una persona altamente sensibile, può prioritariamente funzionare nel primo modo, oppure può ricorrere al secondo schema ogni tanto per ritirarsi e "leccarsi le ferite"; così come ho trovato PAS principalmente evitanti, ho osservato spesso anche l'alternanza delle due strategie.

Come costruire il tuo benessere altamente sensibile

Modello di Sviluppo e Crescita per Altamente Sensibili©

Riuscire a trasformare il circolo vizioso in circolo virtuoso e cioè produrre serenità, salute e crescita personale dipende dalla capacità di seguire queste tre regoline:

- interrompere la reattività;
- portare consapevolezza;
- anticipare il limite.

Questi semplici ma importanti atteggiamenti permettono di trasformare un comportamento reiterato e fallimentare in un comportamento finalizzato a produrre benessere.

Interrompere la reattività

Le ho chiamate strategie, ma attenzione: questi schemi disfunzionali che ho descritto sono principalmente reattivi, cioè non mediati da una scelta consapevole, e per la maggior parte, automatici, frutto di esperienze passate che vengono ripetute.

Da ipersensibili vogliamo credere che sia una buona soluzione fare tutto, provare ad arrivare dappertutto, illuderci di anticipare tutto. Ma poi, sfiniti e inariditi, crolliamo. Crediamo che ci proteggerà

stare chiusi in casa la domenica pomeriggio, evitando di uscire per non sentirci "strani" in mezzo ad altre persone con esigenze diverse dalle nostre. Ma, domenica dopo domenica, staremo sempre peggio.
Ricordiamo che uno dei primi modi in cui veniva definita l'alta sensibilità era **alta reattività**. In biologia, che studia la vita di tutti gli essere viventi, significa eccitabilità. Entro una certa soglia è sinonimo di vitalità, oltre di irritabilità. Quando reagiamo significa che stiamo rispondendo impulsivamente o in parte inconsapevolmente a qualcos'altro: non stiamo agendo, ma reagendo. Interrompere la reattività, modulare questa tendenza, imparare a tollerare del tempo e dello spazio sospeso è un medicamento importantissimo per le persone altamente sensibili.
Per raggiungere questo obiettivo è molto utile la Mindfulness, una tecnica che si è dimostrata efficace anche nel modulare il sovraccarico delle persone altamente sensibili. Lo vedremo nel capitolo "Disciplinare l'attenzione".

Portare consapevolezza

Un altro elemento fondamentale per interrompere il circolo vizioso del malessere ipersensibile è portare consapevolezza in ciò che sentiamo, momento per momento. Per interrompere uno schema automatico non serve scardinarlo: uno schema ha le sue ragioni per esistere e lo abbiamo generato più o meno volontariamente per tentare di gestire le cose. Forzarlo o volerlo cancellare sarebbe controproducente perché si è consolidato nel tempo e inoltre, finché non elaboriamo strategie più sane ed evolute, resta l'unico mezzo di difesa dalle difficoltà e dallo stress.
Due sono le chiavi per sciogliere la catena disfunzionale di atteggiamenti che ci porta al crollo e alla frustrazione: **l'attenzione e la consapevolezza.**
Anche in questo la Mindfulness può aiutare molto.

Anticipare il limite

Lo scopo ultimo è quello di percepire il sopraggiungere del nostro limite di tolleranza, **prima di entrare nella Zona di Crollo.**
Se come ipersensibili abbiamo la capacità di percepire i dettagli, di essere empatici e di anticipare le conseguenze, dobbiamo iniziare a utilizzare queste nostre competenze **per noi stessi**. Un po' di sano egoismo, per cortesia!
Riconoscere la sovra-attivazione o al contrario capire se abbiamo limitato troppo gli stimoli; ascoltare innanzitutto noi stessi, i nostri bisogni riconoscendo le esigenze che ci farebbero stare meglio: tutto questo permette di avere più tempo tra la Zona di Rischio e la Zona di Crollo, tempo che possiamo usare per mettere in atto strategie più adeguate di problem solving o di decompressione.
Ho verificato nella mia esperienza clinica che un lavoro di ricentratura cognitiva a livello mentale, unito a una costante e attenta decompressione fisica attraverso le tecniche di Bioenergetica, sono un efficacissimo bagaglio di strumenti di prevenzione e di benessere.

Modello di Sviluppo e Crescita per Altamente Sensibili© (HSP Growth and Development Model)

Lo scopo primario di queste tre regole – interrompere la reattività, portare consapevolezza, anticipare il limite – è quello di dilatare il tempo e lo spazio tra la percezione di uno stimolo (interno o esterno che sia) e il momento in cui si mette in campo una risposta.
Se questo spazio-tempo non c'è, il circolo di reattività e gli atteggiamenti automatici si ripetono senza consapevolezza e fuori controllo.
Se ci alleniamo a queste tre regole pian piano vedremo ampliarsi le nostre possibilità di intervento tra la Zona di Benessere, la Zona di Rischio e la Zona di Crollo con maggiori chances di recuperare velocemente ed efficacemente la situazione.

MODELLO DI SVILUPPO E CRESCITA PER ALTAMENTE SENSIBILI©
(HSP GROWTH AND DEVELOPMENT MODEL)

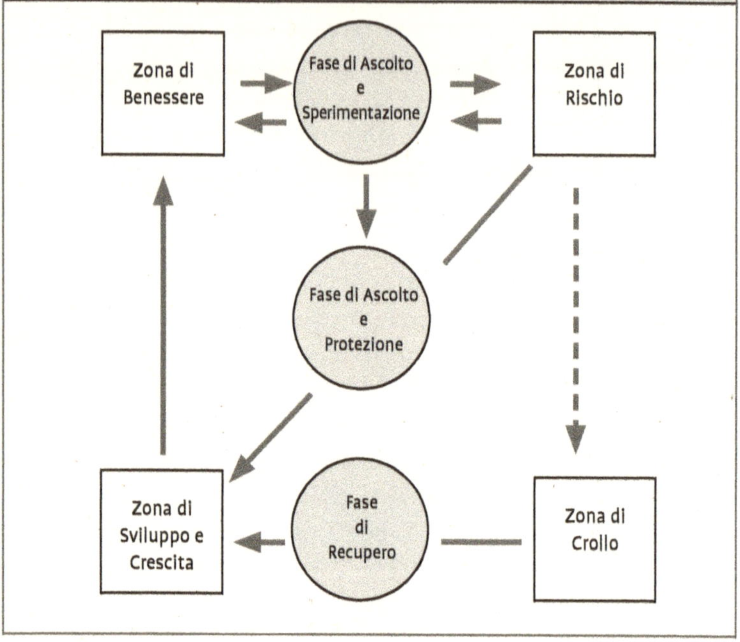

Impareremo così a costruire delle **Fasi di passaggio**, in modo da percepire il pieno controllo della situazione e valutare consapevolmente quale scelta fare, in base alle risorse energetiche che abbiamo a disposizione in quel dato momento.

Fase di Ascolto e Sperimentazione

Quando stanno bene, gli esseri umani in genere sono portati a non farsi domande e a non modificare nulla per mantenere lo *status quo*. Ma noi ipersensibili "friggiamo" anche nella Zona di Benessere. E allora facciamone una risorsa: restiamo in connessione con noi stessi, invece di dissipare tutta l'attenzione verso l'esterno e gli altri. Questa è la fase in cui impariamo ad ascoltarci profondamente, dando a noi stessi quella cura e quell'empatia che di solito riserviamo agli altri.

FASE DI ASCOLTO E SPERIMENTAZIONE

> *C'erano dei terribili semi sul pianeta del piccolo principe: erano i semi dei baobab. Il suolo ne era infestato. Ora, un baobab, se si arriva troppo tardi, non si riesce più a sbarazzarsene. Ingombra tutto il pianeta. Lo trapassa con le sue radici. E se il pianeta è troppo piccolo e i baobab troppo numerosi, lo fanno scoppiare.*
> *"È una questione di disciplina", mi diceva più tardi il piccolo principe. Quando si ha finito di lavarsi al mattino, bisogna fare con cura la pulizia del pianeta. Bisogna costringersi regolarmente a strappare i baobab appena li si distingue dai rosai ai quali assomigliano molto quando sono piccoli.*
>
> *Il piccolo principe,* Antoine de Saint-Exupéry

Tenere pulito il pianeta è una metafora che mi piace molto. **Come ipersensibili dobbiamo fare ogni giorno una corretta e completa igiene quotidiana anche del nostro mondo interno**:

- verificare la pressione delle emozioni;
- valutare la presenza di pensieri parassiti ed energivori;
- misurare il bilanciamento tra corpo e mente;
- ascoltare qual è il ritmo di funzionamento interno, accelerato o rallentato o equilibrato;
- buttare via la spazzatura del senso di colpa;
- spazzare fuori i giudizi su noi stessi;
- tenere sotto osservazione quelle situazioni che potrebbero avere qualche spina e trasformarsi in qualcosa che può farci male magari più in là nei giorni.

Ma la **Fase di Ascolto e Sperimentazione** è anche quella in cui, proprio perché stiamo bene e siamo centrati, possiamo sperimentare qualcosa di più con lo scopo di conoscerci un po' di più. Mentre la vita scorre e le giornate portano con sé abitudini, novità, routine o emergenze possiamo restare in contatto con noi stessi, tenendo aperto un canale prioritario di comunicazione con il nostro interno.

Fase di Ascolto e Protezione

Ok. Nonostante il tuo impegno, sei di nuovo sopraffatto da questa o quella situazione. Può succedere e succederà di nuovo, probabilmente: non significa che non stai facendo bene. Al contrario significa che stai imparando a misurare i tuoi confini e le tue risorse. Ma ora occupati di te. Sei nella Zona di Rischio: hai preso troppi impegni, hai detto troppi sì, ti sei coinvolto anche se non volevi, ti sei preso eccessive responsabilità. Ne hai fin sopra i capelli.
È inutile rimproverarti ora o biasimarti. Non farti ancora più male. Al contrario: comincia a farti del bene! Fermati e respira. Questa fase l'ho chiamata Fase di Ascolto e Protezione perché puoi ancora recuperare il tuo equilibrio e tornare nella Zona di Benessere. Come? Riprendendo la connessione con te stesso che hai smarrito nella centrifuga degli eventi. Qui hai due opzioni:

- darti tempo e cercare strumenti per affrontare la situazione stressante in un modo che non hai ancora sperimentato;
- darti tempo per una breve "ritirata strategica" protettiva per ricentrarti e riattivare energie psichiche e fisiche.

La scelta dipende solo da te e da quanto affinerai la tua capacità di sentire se hai abbastanza energie e risorse per l'una o l'altra strada. Non c'è un modo giusto! A volte sarà più efficace la prima, altre volte sarà più utile la seconda. Sperimenta, sperimenta, sperimenta!

> *Non perdo mai.*
> *A volte vinco, le altre volte imparo.*
> Nelson Mandela

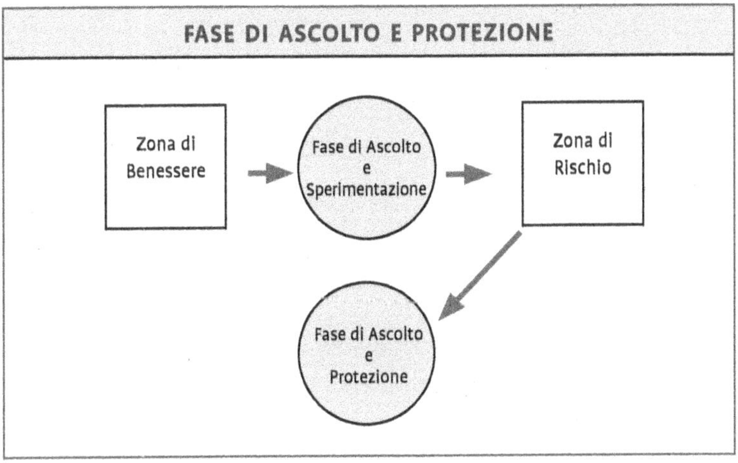

Fase di Recupero

Nonostante il nostro impegno, eccoci qua: siamo scivolati di nuovo nella nostra botola buia. Siamo nella Zona di Crollo. Esausti, frustrati, delusi, sopraffatti ci sentiamo sconfitti e al punto di partenza.

Ma finché viviamo, abbiamo sempre l'opportunità di recuperare e di ritrovare l'equilibrio. Sempre. A meno che siamo noi a non volerlo.

Se siamo affezionati alla nostra storia non potremo cambiarla. Se ci identifichiamo con un'idea di noi stessi, debole, fallimentare, inconcludente finiamo per credere di essere delle vittime e che le cose andranno sempre così. Ma questa non è la realtà. E per cambiare le cose è necessario per prima cosa assumersi la responsabilità della propria vita e della propria felicità. Rimbocchiamoci le maniche e diamo inizio alla Fase di Recupero.

Recuperare può significare tante cose, a seconda delle persone e delle situazioni. Puoi recuperare dopo un crollo prendendoti un giorno di permesso dal lavoro. Oppure puoi recuperare sfinendoti in palestra finché non senti che il corpo ha dissipato tutta la tensione e potrai abbandonarti al sonno. Puoi recuperare andando a

FASE DI RECUPERO

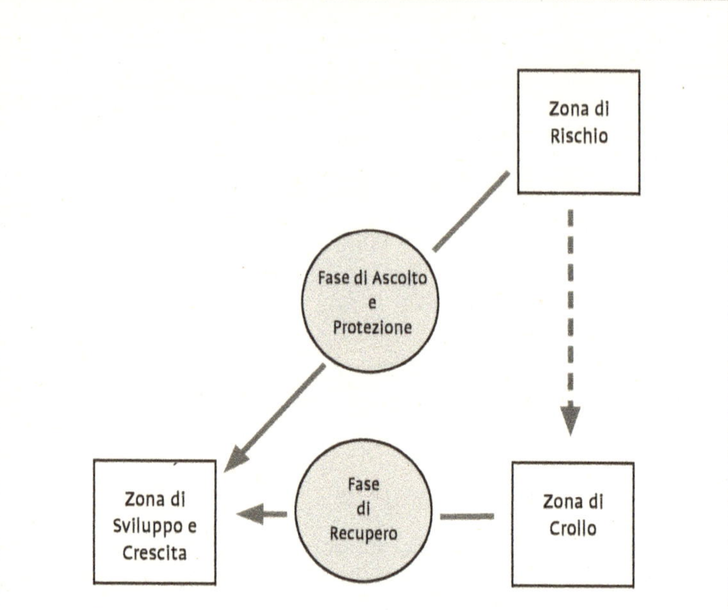

trovare una persona che sai ti farà bene come una medicina. Puoi prendere a pugni un sacco da boxe. O camminare per due ore in un bosco. Oppure recuperare per te potrebbe voler dire stare a piangere sul divano per un intero pomeriggio. Va bene... Anche qui non c'è un unico modo, né un modo più giusto di altri. Fai solo attenzione a scegliere qualcosa che ti aiuti a staccare dalla situazione che ti ha mandato in crisi, ma che al contempo serva anche a ricaricare le tue batterie.

Puoi aiutarti con le attività suggerite in questo libro. Ma sii creativo e prova cose nuove! Lasciati guidare dall'istinto che tutti abbiamo dentro di noi, quello stesso istinto che guida gli animali quando sono feriti a isolarsi e passare ore a leccarsi la parte del corpo ferita per auto guarirsi. E poi quando si sentono pronti, tornano, più vitali di prima a correre, saltare, cacciare senza timori o preoccupazioni. Vivono, si proteggono, si feriscono, si medicano e tornano a vivere avendo imparato qualcosa di nuovo. Ecco, prendi esempio dagli animali.

> *Ho sempre tentato. Ho sempre fallito. Non discutere.*
> *Prova ancora. Fallisci ancora. Fallisci meglio.*
>
> Samuel Beckett

Il circolo virtuoso del benessere ipersensibile

Se usiamo bene la Fase di Ascolto e Protezione con efficacia riusciamo a evitare di scivolare nella Zona di Crollo perché avremo evitato la reattività e la reiterazione del comportamento tutto/niente. Se dopo la Fase di Crollo ci concediamo una appropriata Fase Di Recupero, riusciamo a lenire meglio le ferite nella nostra sensibilità e a rimettere più velocemente il focus sui nostri bisogni e i nostri confini e tornare lucidi e competenti come siamo.
Questo ci farà approdare in una nuova area di competenze che pian piano andremo a sviluppare come ipersensibili: la **Zona di Sviluppo e Crescita**.
Questo momento è dove impariamo a sviluppare **resilienza**, la capacità cioè di affrontare le difficoltà e le crisi, uscendone rafforzati, sperimentando nuove strategie, diventando più consapevoli dei nostri limiti e superandoli piano piano. Come PAS la nostra propensione a riflettere in profondità, ad analizzare le cose e a essere introspettivi rende esponenziale la nostra capacità di acquisire resilienza nella vita e di conseguenza rende più fruttuoso e veloce il processo di crescita personale, di ricostruzione dell'autostima e di consolidamento di sé. Lo verifico quotidianamente in studio e anche su me stessa: **le cose migliori di noi nascono dalle crisi trasformate in opportunità.**

Questa anticamera della Zona di Benessere non esiste nel circolo vizioso del malessere, perché lì non c'è nessun nuovo apprendimento, ma, al contrario, una continua reiterazione di schemi disfunzionali e frustranti. Ora invece, se ci alleniamo a frequentare sempre più spesso le Fasi di Ascolto di noi stessi, una parte della nostra psiche pian piano nascerà e si consoliderà dandoci sempre più accesso a competenze nuove, permettendoci di conoscere i margini della nostra sensibilità e di recuperare più in fretta dopo le crisi. La Zona di Sviluppo e Crescita la immagino un po' come la zona di sviluppo prossimale che aveva individuato Vygotskij nello studio dell'apprendimento dei bambini. La zona di sviluppo prossimale definisce quelle funzioni che non sono ancora mature, ma che sono in via di maturazione, funzioni che matureranno domani e che sono al momento ancora in uno stadio embrionale. La nostra sensibilità resta sempre una parte di noi un po' bambina, delicata, vulnerabile anche quando siamo adulti: dobbiamo quindi avere, con questa parte di noi, la stessa cura e attenzione che avremmo

CIRCOLO VIRTUOSO DEL BENESSERE IPERSENSIBILE
MODELLO DI SVILUPPO E CRESCITA PER ALTAMENTE SENSIBILI©

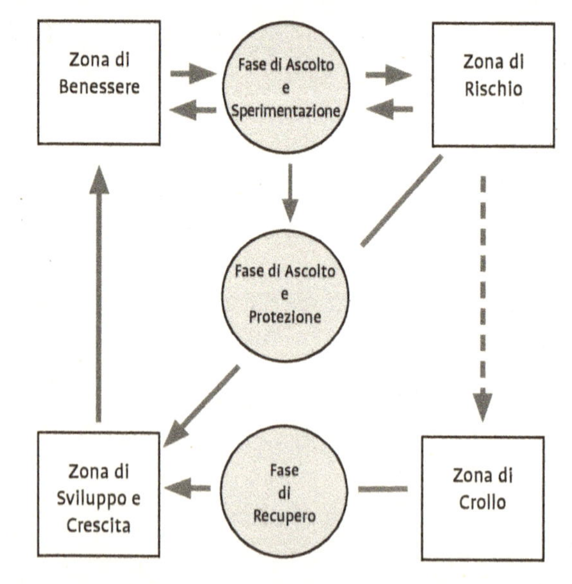

con un bambino. Ho sperimentato negli anni che è un ottimo atteggiamento per la nostra evoluzione. Come vediamo, la Fase di Sviluppo e Crescita anticipa il ritorno alla Zona di Benessere, ma in un modo diverso, dopo aver appreso qualcosa di nuovo sulla nostra solidità come ipersensibili, dopo aver sperimentato un nuovo confine, dopo esserci anche sbucciati le ginocchia a volte. Ma cadere è l'unico modo per imparare come mantenere l'equilibrio.

E ORA... FAI PRATICA!

Esercizi per la Fase di Ascolto e Sperimentazione

In questa fase quello che è importante è osservare, notare e prevenire. Allenarsi in questo modo significa farsi i muscoli di base per essere più pronti quando dovremo affrontare situazioni fuori dalla normalità.

- Impara a non occuparti di te solo in situazioni di emergenza e abbi cura del tuo corpo e della tua attenzione iperattiva anche quando ti sembra di non averne bisogno.
- Fai quotidianamente e con regolarità le attività che abbiamo indicato nel libro.
- Fai gli esercizi del capitolo "Distinguere situazioni, pensieri, sensazioni ed emozioni".
- Fai Mindfulness ogni giorno: 10-15 minuti sono sufficienti.
- Fai ogni giorno un po' di movimento che scarichi la tensione.
- Prenditi dei regolari momenti di decompressione e solitudine.
- Tieni un diario e annota la sera come sei stato durante la giornata, in particolare:

  Oggi mi sono sentito fisicamente...
  Le mie emozioni dominanti oggi sono state.........................
  C'è stata una preoccupazione dominante? Quale?...............
  Quali situazioni richiedono più attenzione e cura da parte mia?...

- Pensa a te stesso come se fossi il tuo partner o il tuo migliore amico e dedicati tutte le piccole e grandi attenzioni che riserveresti a lui. Lo chiami per sapere come sta? Prenditi 5 minuti, parla con te stesso in silenzio e ascolta le risposte che il tuo corpo ti segnala. Hai un'attenzione in più per il tuo partner e gli mandi diversi messaggi per dirgli che gli vuoi bene? Vai davanti allo specchio e guardati: rivolgiti le stesse parole amorevoli anche se ti senti sciocco.
- Se devi affrontare qualcosa di nuovo o stressante, preparati in anticipo, dedicandoti tempo, prima o dopo la situazione che ti crea ansia.

Esercizi per la Fase di Ascolto e Protezione

- È probabile che da qualche tempo tu non faccia più la tua "igiene personale interiore" ed è questo che ti ha portato nella Zona di Rischio. Ricomincia al più presto: decomprimi, pulisci, alleggerisci!
- Usa tutti i suggerimenti del libro che senti buoni per te.
- Attua tutte le strategie che ritieni utili e che hai affinato nel tempo più adatte a te per alleggerire il senso di pressione fisica e di tensione mentale.
- Fai gli esercizi del capitolo "Distinguere situazioni, pensieri, sensazioni ed emozioni".
- Pratica un po' di Mindfulness (vedi il capitolo "Disciplinare l'attenzione").
- Fai gli esercizi di Bioenergetica (vedi il capitolo "Decompressione del corpo").
- Modella qualcuno di competente.

Il modellamento (*modeling*) è un termine coniato da Bandura nel 1969. In psicologia sociale serve a definire una modalità di apprendimento molto efficace basata sull'osservazione di un modello e sull'imitazione del suo comportamento. Facciamo un esempio. Steve Jobs è un personaggio che viene modellato per quanto riguarda la comunicazione, in particolare la comunicazione motivazionale, cioè viene preso ad esempio e i suoi discorsi vengono studiati approfonditamente anche nelle università per apprenderne le tecniche. Modellare qualcuno non vuol dire scimmiottarlo, ma prenderlo come modello a cui ispirarsi. Può andare bene una persona che conosciamo e che stimiamo, ma può essere molto utile anche un personaggio che ha fama di avere certe competenze e che noi apprezziamo anche senza conoscerlo personalmente. Perché in realtà quando modelliamo qualcuno stiamo attivando dentro di noi quelle risorse che apprezziamo in un'altra persona, ma che come potenzialità abbiamo già. Chiediamoci:

– *Come risolverebbe la persona X questa situazione che mi stressa tanto?*
– *Che parole direbbe al mio collega per farsi ascoltare con efficacia?*
– *Come farebbe a uscire da questo situazione?*
– *Cosa farebbe adesso per sentirsi meglio?*

- Confrontati riguardo a ciò che ti sta per mandare in crisi, sia con un ipersensibile sia con un normosensibile: annota le loro strategie senza dissentire e senza empatizzare e poi prendi il meglio da entrambi. Delega e chiedi aiuto: non sei meno amabile, meno bravo se lo fai. Non verrai licenziato o abbandonato. Ricorda che sei un essere umano e che non ti è richiesto di arrivare dappertutto come vorresti tu.

Esercizi per la Fase di Recupero

C'è un bel libro dal titolo suggestivo che mi piace come immagine per illustrare quello che serve a un ipersensibile per riprendersi dopo un crollo: *Brodo caldo per l'anima**. Questo è quello di cui hai bisogno per recuperare energie fisiche e mentali e tornare radicato

* Brodo caldo per l'anima *di Jack Canfield, Mark Victor Hansen, Armenia Editore.*

in te stesso. Trova il tuo brodo caldo e nutritene tutto il tempo che vuoi, finché ne senti il bisogno.

- Trattati con cura, come un bambino che sta imparando ad andare in bicicletta e ha appena fatto una brutta caduta, in mezzo alla strada, davanti ai suoi amichetti. Usa tutta la tua sensibilità ed empatia per te stesso ora.
- Non è il momento di razionalizzare, di capire cosa è andato storto, dove potevi fare diversamente. Non ora. Verrà il momento (nella Zona di Sviluppo e Crescita). Ora riposa dentro te stesso.
- Fai Mindfulness ogni giorno.
- Circondati solo di persone con cui stai bene, ma non isolarti.
- Limita allo stretto necessario i doveri (lavoro, cura della casa e della famiglia) per un paio di giorni.
- Pensa ai tuoi bisogni primari.
- Assumi un atteggiamento di "sano egoismo": hai poche energie, usale per te.
- Funziona a regime minimo: risparmiati, delega, posticipa.
- Inventa una parola o un'espressione per spiegare come ti senti a chi vive con te o ti sta intorno, una frase che concorderai per tempo e che sia una sorta di parola d'ordine in modo che gli altri sappiano come comportarsi con te e come aiutarti. Un mio paziente era solito dire alla moglie "Sono nella mia caverna" e lei così capiva il suo desiderio di essere lasciato solo e non si preoccupava eccessivamente. Un'altra PAS diceva "Sto per un po' nel mio mondo" e la famiglia sapeva come trattarla senza starle addosso. Scegli un'espressione carina, non svalutante, un po' magica o fiabesca: valorizza questo spazio di recupero. Più ci entrerai e lo conoscerai, meno ne avrai bisogno in futuro.

Distinguere situazioni, pensieri, sensazioni ed emozioni

Riconosci le sensazioni

Lavorare su questi aspetti è di grande aiuto: permette di rendere fruttuose la Fasi di Ascolto e Sperimentazione, di Ascolto e Protezione e la Fase di Recupero, rendendo più facile, con l'allenamento, la capacità di restare nella Zona di Benessere e di recuperare l'equilibrio quando l'abbiamo perso.

La maggior parte delle volte non sono le situazioni a crearci disagio, ma a farci stare male è il nostro modo di reagire alle situazioni o le nostre interpretazioni degli eventi.

Dobbiamo innanzitutto allenarci a riconoscere e distinguere la differente provenienza delle informazioni che giungono alla nostra percezione sensibile. Facciamo *in primis* una separazione grossolana ma utile:

- **situazione**: informazioni dal mondo esterno non controllabili;
- **pensieri, sensazioni, emozioni**: informazioni principalmente (ma non solo) dal mondo interno e in parte controllabili.

Questo primo screening ci permette di ancorarci alla realtà e vedere nettamente la differenza tra ciò che non dipende da noi (la situazione) e ciò su cui invece abbiamo margine di intervento (pensieri, emozioni, sensazioni).
Molti dei problemi che abbiamo come ipersensibili dipendono anche dal fatto che ci impantaniamo nel rimuginare sul perché le cose vanno in un certo modo e non in un altro, o nel cercare invano di intervenire nelle situazioni per modificarle, sprecando energie che invece ci porterebbero a migliori risultati se usate meglio.
In linea di massima, se non ci hai mai prestato attenzione, ecco quello che in genere da ipersensibile ti accade in diverse situazioni:

SITUAZIONE	MODALITÀ AUTOMATICA IPERSENSIBILE
Ci sono molti rumori e caos qui.	Sopraffazione, confusione, isolamento, evitamento o fuga.
La discussione sta prendendo dei toni e dei modi accesi.	Agitazione, confusione, inibizione o impulsività.
Il mio partner esce con gli amici questo sabato sera.	Chiusura, isolamento, rimuginazione.

Secondo la mia esperienza ti può risultare di grande aiuto porti alcune specifiche domande che ti aiutino a dipanare la matassa dei vissuti che ti fanno sentire sopraffatto, così da distinguere i fatti dai nostri stati d'animo, sensazioni e pensieri:

RICONOSCERE LE SITUAZIONI	RICONOSCERE LE SENSAZIONI	RICONOSCERE LE EMOZIONI	RICONOSCERE I PENSIERI
Domanda da porti: Che cosa accade nell'ambiente?	Domanda da porti: Che cosa sente il mio corpo?	Domanda da porti: Che cosa provo? Qual è il mio stato d'animo?	Domanda da porti: Che cosa mi passa per la testa ora? Quale conclusione sto tirando ora?

Se applichi queste domande, ti alleni nel tempo ad avere una visione della realtà più obiettiva e contemporaneamente, conoscendo ed etichettando i tuoi stati d'animo, migliori la tua abilità di rispondere adeguatamente agli eventi.
Stai portando consapevolezza nelle tue azioni e stai lavorando per ridurre la reattività.
Stai cioè lavorando per evitare di cadere spesso e inconsapevolmente nella Zona di Crollo, grazie al fatto che usi bene le Fasi di Ascolto e quindi hai maggior controllo e gestione della tua ipersensibilità. Ne beneficiano il tuo senso di efficacia, la tua autostima e il tuo benessere generale.
Ecco come cambiano le situazioni precedenti, rispondendo alle domande giuste:

SITUAZIONE	SENSAZIONI	EMOZIONI	PENSIERI
Ci sono molti rumori e caos qui.	Tachicardia, tensione al collo, respiro corto, ronzio alle orecchie...	Ansia, disagio, paura, vergogna...	Non posso andarmene, cosa penseranno di me? Devo fingere di divertirmi. Perché gli altri stanno bene e io no? Sono sempre il solito... C'è qualcosa che non va in me...
La discussione sta prendendo dei toni e dei modi accesi.	Tensione al petto e alle mandibole, tachicardia, sudorazione...	Paura, rabbia, ansia, frustrazione...	E adesso come ne esco? Ho il cervello in tilt... Non riesco a dire nulla... Vorrei solo sparire...
Il mio partner esce con gli amici questo sabato sera.	Freddo, voglia di piangere, tensioni muscolari...	Tristezza, rabbia, frustrazione...	Dovrebbe desiderare stare con me... Vuol dire che non sono abbastanza importante... Perché non capisce che ho bisogno di intimità? Io però ho rinunciato alla mia serata per lui...

Riconoscere e distinguere pensieri, sensazioni ed emozioni ti permette di non andare in tilt, di mettere in campo i comportamenti adeguati nei diversi casi e di uscire dalla Zona di Rischio.

E ORA… FAI PRATICA!

Riconoscere le sensazioni

- Prenditi qualche istante a occhi chiusi, così sarà più facile percepire i segnali del corpo.
- Usa i cinque sensi come prima mappa sensoriale: vista, udito, olfatto, gusto, tatto. Cosa è piacevole e cosa spiacevole?
- Fai uno screening dai piedi alla testa: immagina un raggio di luce che fa una sorta di scansione di tutto il corpo dal basso all'alto e in ogni zona fermati a sentire quali sensazioni ci sono senza giudicarle o rifiutarle, quali che siano.
- Potresti anche non sentire nulla in diverse parti del corpo e avvertire solo la presenza di alcune zone: è un'informazione.
- Basati su alcuni criteri:
  - sensazione piacevole-spiacevole;
  - apertura-chiusura;
  - leggerezza-peso;
  - caldo-freddo;
  - rilassamento-tensione;
  - pieno-vuoto;
  - piacere-fastidio.

- Puoi aiutarti con delle domande:
  - Nelle gambe cosa sento?
  - Nella pancia cosa sento?
  - Come sta il mio respiro?
  - Cosa sento nelle spalle?
  - Ecc.

Più ti alleni in questo modo più il linguaggio del corpo diventerà leggibile e semplice e ti accorgerai di alcune sensazioni ricorrenti in determinate situazioni.

- Esercitati in situazioni non eccessivamente stimolanti; comincia ad allenarti a sentire il tuo corpo quando sei in relax, puoi farlo anche con le situazioni piacevoli in modo da abituare la tua attenzione a riconoscere le sensazioni, così sarai più pronto in situazioni stressanti.
- ***Attenzione***: ricorda che l'esperienza passata influenza la percezione delle nostre sensazioni. Quindi cerca di distinguere *se* senti disagio *qui e ora* oppure se il tuo corpo sta *riattivando* sensazioni che avevi provato altre volte in situazioni simili. Sembra difficile da riconoscere, ma con la pratica diventerà semplice.

Distingui le emozioni

Una regolina utile, suggerita da Greenberg e Padesky, è questa: gli stati d'animo possono essere identificati attraverso **un solo termine descrittivo**: se ti serve più di una parola per descrivere un'emozione, probabilmente non si tratta di un'emozione ma stai descrivendo un pensiero. Spesso diciamo *sento*, ma in realtà stiamo dicendo *penso*:

PAS: Sento che non riuscirò mai ad avere una vita felice come gli altri...
Terapeuta: Quindi lei pensa che non avrà mai una vita felice. Che emozione le suscita questo pensiero?
PAS (dopo un breve silenzio): Mi sento disperato.

Allenati a riconoscere cosa provi usando solo le sei emozioni principali: **gioia, tristezza, rabbia, paura, sorpresa, disgusto.** Questa iper-semplificazione all'inizio ti è utile ad avere una bussola semplice e immediata e a comprendere che tutto ciò che provi ha un suo senso e può essere ricondotto a una delle emozioni di base, naturali. Con il tempo e la pratica, ti verrà istintivo arricchire la

descrizione e identificare emozioni miste o stati d'animo complessi come malinconia, senso di colpa, noia, vergogna ecc. Ci sono molti libri utili sull'intelligenza emotiva e la comprensione delle emozioni.
Lasciati ispirare e leggine qualcuno. Trovi alcuni suggerimenti nel capitolo "Le emozioni ipersensibili".

Identifica i pensieri

Tutta questa pratica di separazione tra sensazioni ed emozioni è un po' come un lavoro di ripulitura, o come sbucciare un frutto per arrivare al nocciolo e serve a individuare con più facilità quali sono i tuoi pensieri.
Di solito come ipersensibile hai una serie di pensieri negativi su te e sul mondo, e di convinzioni disfunzionali o depotenzianti.
Spesso ci raccontiamo una storia su noi stessi, una storia che giustifichi le nostre frustrazioni: sono debole, sono incompreso, sono timido, non ce la faccio. Finché crediamo a questa storia non potremo riscriverne una nuova e migliore.
Altrettanto spesso desideriamo inconsciamente che qualcuno si prenda cura di noi e si occupi del nostro modo di sentire e del nostro disagio.

Ma, cari ipersensibili, questo era un bisogno lecito quando eravamo piccoli e mamma e papà si occupavano più o meno efficacemente di noi. Ora siamo adulti, con tutte le possibilità, la libertà e gli strumenti per prenderci cura noi stessi dei nostri bisogni. Questo non significa essere soli o abbandonati, ma al contrario assumerci la responsabilità della nostra vita e quindi della nostra felicità.

Come dico spesso a miei pazienti, con un esempio paradossale quanto secondo me efficace: se tu hai mal di testa non è sensato che io prenda un analgesico al posto tuo. Non puoi aspettarti che io faccia sparire il tuo disagio. Io posso consigliarti di assumere un antidolorifico, posso andare a comprarlo per te e dartelo e posso anche stare lì insieme a te finché non ti passa il dolore. Ma il mal di testa è tuo ed è naturale che te ne occupi tu.

Ricorda le tre regoline...

- Interrompi la reattività.
- Porta consapevolezza nelle tue azioni.
- Anticipa il limite.

Domandati...

- Cosa mi passa per la testa in questo momento?
- Sto arrivando frettolosamente a delle conclusioni?
- Sto generalizzando?
- Sono nel qui e ora o sto ripetendo qualcosa di vecchio?
- Sto trattando con cura la mia sensibilità?
- Sto facendo tutto quanto mi è possibile per occuparmi di me?

Allenati a...

- Generare spiegazioni alternative (potrebbe essere anche... Forse le cose in realtà stanno in un altro modo...).
- Fare valutazioni neutrali.
- Se ti mancano delle informazioni impara a chiedere, senza correre a conclusioni affrettate o fare deduzioni non fondate (Non mi hai richiamato. Come mai?).
- Non assolutizzare (evita i sempre, tutto, mai, niente).
- Non generalizzare (gli altri, tutti, di solito).
- Non lamentarti.
- Non drammatizzare.
- Semplificare.

SITUAZIONE	ESEMPI DI PENSIERI ALTERNATIVI, NEUTRALI E POTENZIANTI
Ci sono molto rumore e caos qui.	Visto che non posso diminuire il rumore, ora valuto se me la sento di continuare a stare qui, altrimenti esco un momento per ricentrarmi o al limite saluto tutti e torno a casa mia.
La discussione sta prendendo dei toni e dei modi accesi.	Sento il disagio crescere in me. La discussione rischia di trascendere. Sto perdendo lucidità. Meglio dire al mio interlocutore di riparlarne in un altro momento.
Il mio partner esce con gli amici questo sabato sera.	È possibile che abbia solo bisogno di tempo per se stesso. La mia conclusione sul fatto che non tiene a me non ha basi realistiche al momento. Posso sempre comunicargli che mi mancherà sabato.

Agisci sulle situazioni

Distinguere tra sensazioni, pensieri ed emozioni ti permette di gestire la percezione per non arrivare al senso di sopraffazione e quindi evitare di cadere nella Zona di Crollo. Ma questo allenamento ha anche un secondo scopo: mettere in atto i comportamenti adeguati per sentirsi meglio. Solo se siamo consapevoli dei nostri bisogni possiamo efficacemente intervenire anche sulle situazioni esterne, creando dei piccoli ma utili cambiamenti.
Come? Impara a porti spesso questa domanda:

Cosa posso fare, qui e ora, che è in mio potere fare, per sentirmi più a mio agio?

Ecco come ha affrontato una situazione di sovraccarico un paziente, prima e dopo aver lavorato sulla consapevolezza di situazioni, sensazioni, emozioni, pensieri.
Prima:

> *PAS: Al lavoro il fatto che siamo in un ufficio open space mi devasta... i telefoni che squillano, tutte le voci sovrapposte dei colleghi, la gente che passa. La mia mente fa il triplo della fatica per concentrarsi e ci metto più tempo a svolgere il mio lavoro.*

Dopo:

> *PAS: Ho cominciato a ripetermi come un mantra: cosa posso fare, qui e ora, che è in mio potere fare, per sentirmi più a mio agio? Dopo un po' di tentativi ho trovato la mia soluzione: in quei momenti della giornata in cui devo lavorare solo al computer e non devo fare front-office, metto i tappi nelle orecchie in modo da abbassare di molto la soglia dei rumori, ma continuando comunque a sentire se squilla il mio telefono o se qualcuno mi rivolge la parola. Questo ha diminuito di gran lunga la mia ansia e riesco a lavorare con maggiore tranquillità.*

Così facendo, i comportamenti che mettiamo in campo, anche nelle situazioni più critiche, sono **azioni**, e non più reazioni, sono **scelte** e non più automatismi.

SITUAZIONE	SENSAZIONI	EMOZIONI	PENSIERI
Domanda da porti: Che cosa accade nell'ambiente?	Domanda da porti: Che cosa sente il mio corpo?	Domanda da porti: Qual è il mio stato d'animo? Una sola parola	Domanda da porti: Che cosa mi passa per la testa ora? Genera pensieri alternativi, neutrali, potenzianti

↓

COSA POSSO FARE QUI E ORA, CHE È IN MIO POTERE FARE, PER SENTIRMI PIÙ A MIO AGIO?

↓

AZIONI (SCELTE, NON PIÙ REAZIONI)

- Se ti senti sopraffatto dai rumori (sensazione) non ti aiuterà rimproverarti mentalmente di tenere duro (pensieri).
- Se sei arrabbiato (emozione) non ti passerà facendo le parole incrociate (pensieri).
- Se devi trovare una soluzione per un problema economico (pensiero) non ti farà stare meglio uscire con gli amici a bere un drink (sensazioni + emozioni) se non per un paio d'ore.
- È inutile, se sei preoccupato (pensieri e emozioni), abbuffarti di dolci o ubriacarti (sensazione).

Dopo che ti sei allenato a distinguere le cose, ora puoi imparare a fornire la risposta corretta a ogni bisogno e quindi creare pian piano un ambiente intorno a te più adeguato ai tuoi bisogni.

E ORA... FAI PRATICA!

Possibili azioni se il disagio è dato da una sensazione

- Schermati/proteggiti, fisicamente (come la PAS dell'esempio che usa i tappi per le orecchie).
- Schermati/proteggiti mentalmente: usa le tecniche del capitolo "L'empatia e i confini" o, se ti è congeniale, immagina una vera e propria bolla di protezione intorno a te, invisibile ma impermeabile a tutto ciò che non vuoi.
- Se puoi, fai in modo che la sensazione si concluda (per esempio, se sei distratto dai morsi della fame, mangia qualcosa).
- Limitala, riducila o regolala.
- Allontanati, prenditi qualche minuto altrove.
- Se ora non puoi fare nulla, senti se hai margine per tollerarla fino a che potrai fare qualcosa di diverso.

Possibili azioni se il disagio è dato da un'emozione

- Riconoscila.
- Etichettala, dalle un nome.
- Esprimila a parole dentro di te.
- Se ci sono le condizioni esprimila anche all'esterno, all'interessato o a qualcuno con cui puoi confidarti.
- Se è spiacevole, prova a non rifiutarla, ma falle spazio, contienila (puoi aiutarti respirando profondamente per qualche minuto).
- Non amplificarla: puoi sentire un'emozione senza annegarci dentro.
- Lasciala cambiare, ricorda che le emozioni sono per definizione volatili e mutevoli e cambiano velocemente anche nel corso di poche ore.
- Senti se puoi fare qualcosa per scioglierla, ma senza l'intenzione di cancellarla o negarla.

Possibili azioni se il disagio è dato da un pensiero o da una convinzione

- Usa tutte le tecniche descritte in precedenza per riconoscere il pensiero disturbante o la convinzione.
- Usa le 4 domande suggerite a p. 46.
- Valuta alternative.
- Ipotizza altri punti di vista.
- Chiedi consiglio a qualcuno.
- Chiedi aiuto se pensi sia utile.
- Trova risorse e strumenti nuovi, se non li hai, imparali.
- Prova a mollare la presa: lascia andare, lascia correre.
- Prova a essere indulgente con te stesso.
- Usa le strategie illustrate nel capitolo seguente.

Disciplinare l'attenzione

Possiamo iniziare a vivere con maggior equilibrio psicofisico
semplicemente disciplinando con gentilezza la nostra attenzione,
recuperando il tempo di guardare veramente alle cose per quel che sono,
e non per quello che si è abituati a pensare,
a temere o a sperare che siano.
Imparare finalmente a rispondere, anziché reagire, allo stress
può far emergere un diverso e più sereno rapporto
con la complessità del vivere.

Gherardo Amadei

La Mindfulness

È molto difficile spiegare in poche righe cosa sia la Mindfulness. Per questo ho scelto di proporre qui solo quell'aspetto della Mindfulness che per le PAS risulta più utile e importante: disciplinare l'attenzione.

E ho voluto farlo attraverso le straordinarie parole di uno dei miei più grandi maestri, purtroppo scomparso precocemente nel 2016.

Un'attenzione straordinaria come la nostra, ma fuori controllo, è come un bambino geniale a scuola, ma totalmente indisciplinato.

"Mindfulness" è il nome che viene attualmente dato a un insieme di tecniche di meditazione che esistono da centinaia di anni ma che solo oggi sono state validate dal punto di vista scientifico e hanno dimostrato eccezionali risultati sulla mente e sul corpo. Possiamo parlare di meditazione terapeutica, se preferiamo, o di tecniche confermate dalle neuroscienze per allenare l'attenzione e diventare consapevoli dei propri stati interni. Perché la propongo qui?

Perché la Mindfulness si è dimostrata **efficace nel ridurre molti sintomi legati all'*over-arousal* nelle PAS.**

Abbiamo visto come l'attenzione sia la peculiarità e anche la criticità delle PAS. Abbiamo anche visto come l'attenzione possa essere considerata come un muscolo: concentrarsi su una singola cosa alla volta la rinforza e ci rinforza. Mentre cedere al multitasking e alla frammentazione delle distrazioni la indebolisce e ci manda in *over-arousal.*

Ecco, la Mindfulness è lo strumento principe per imparare a focalizzare e disciplinare l'attenzione e quindi rendere la nostra ipersensibilità un eccezionale valore.

I benefici secondari di questo allenamento sono una importante riduzione di tutti quei sintomi di sopraffazione e stress che sperimentiamo quando siamo nella Zona di Rischio o nella Zona di Crollo.

Uno studio del 2010 ha applicato a un gruppo di PAS la Mindfulness per ridurre lo stress, l'ansia sociale, aumentare l'accettazione di sé e l'autostima, regolare l'empatia e favorire la crescita personale.

I risultati sono stati strepitosi: dopo una pratica di otto settimane tutti i partecipanti hanno evidenziato, sia attraverso questionari che esami strumentali, una **diminuzione dello stress e dell'ansia e un aumento del senso di benessere e di autoefficacia.** Questo miglioramento veniva definito da medio a molto importante e gli effetti perduravano ben oltre la fine della pratica, fino a un mese dopo.

Molte tecniche meditative hanno risvolti terapeutici. In alcuni testi della Aron viene suggerita la meditazione trascendentale. Va bene, ma non è l'unica né in assoluto la più adatta per tutti. È fondamentale che chiunque desideri provare, si lasci guidare dalle proprie sensazioni e scelga ciò che più gli è congeniale.

Io personalmente pratico meditazione da quando avevo 20 anni e ho sperimentato, per conoscerle, diverse strade e diverse tecniche.

Ho esperienza di meditazione trascendentale, meditazione con mantra, meditazione zen, meditazione Vipassana, meditazione camminata e di Mindfulness. Per la mia esperienza, personale e professionale, la Mindfulness è quella che ha dato i maggiori risultati misurabili.
Fu Jon Kabat-Zinn – professore emerito di Medicina e fondatore della Clinica per la riduzione dello stress attraverso la Mindfulness (Stress Reduction Clinic) e del Center for Mindfulness in Medicine, Health Care and Society presso la University of Massachusetts Medical School – a mettere a punto dopo anni di ricerche un insieme di tecniche e un protocollo (MBSR, Mindfulness Based Stress Reduction) per fronteggiare lo stress, l'ansia e una serie di sintomi applicabili a diverse situazioni e disagi.

Quali sono i benefici?

La Mindfulness, praticata con continuità, si è dimostrata capace di ridurre:

- lo stress psicologico;
- l'ansia;
- le paure e le fobie;
- la difficoltà ad addormentarsi;
- la depressione;
- la rabbia;
- la tendenza a rimuginare;
- la distraibilità;
- la disorganizzazione cognitiva;
- alcune condotte di evitamento.

Inoltre:

- migliora la qualità della vita;
- migliora la concentrazione;
- aumenta la consapevolezza degli stati interiori;

- riduce la reattività;
- regola l'empatia;
- produce un senso di coesione del sé;
- induce la capacità di perdono e la compassione.

Per tutti questi motivi, che ho verificato negli anni, la Mindfulness è uno degli strumenti che adopero sia nei miei corsi sia nel mio lavoro individuale con PAS, in studio e anche attraverso sessioni online, oltre che usarla su me stessa.

Si tratta di mettersi seduti, immobili, focalizzare l'attenzione su un unico specifico oggetto, per esempio il nostro respiro, e diventare consapevoli degli stati interni che emergono e dei pensieri quando vengono a distrarci. Tutto qui? Esattamente.
Se stai pensando sia una pratica da monaci tibetani dell'Himalaya, ti sbagli. Lo scopo è neurofisiologico: allenare il nostro cervello a un modo più equilibrato di pensare e di reagire. Anche se la Mindfulness è molto più di questo.
L'allenamento consiste nel diventare consapevoli che la mente è sempre altrove, agitata, e accorgersene ogni volta che accade. È nel continuo distrarsi e notarlo, distrarsi e notarlo, riportando gentilmente ogni volta l'attenzione al respiro, che l'attenzione si consolida e la mente si quieta.
Proporrò una semplice e breve pratica negli esercizi: se vuoi, provala e se ti incuriosisce, approfondisci, leggi, sperimenta.
Per noi ipersensibili è una tecnica davvero straordinaria.
Quando il corpo è immobile, anche **la mente è portata** pian piano **a quietarsi**. E questo ci fa bene.
Allenare l'attenzione a stare sul respiro significa imparare a direzionarla, focalizzarla e riprenderla ogni volta che nella vita quotidiana le migliaia di stimoli ambientali ci distraggono e dissipano le nostre energie.
Scegliere di sedersi e praticare Mindfulness è già una scelta di **non reattività**: è la dichiarazione consapevole che non vogliamo reagire a ciò che sentiamo o a ciò che è successo, che decidiamo

di "stare" e di darci fiducia. E anche questo ci fa bene. Inoltre la Mindfulness ci permette con il tempo di imparare a **contenerci, ad auto-calmarci e a proteggerci**. E anche di questo abbiamo molto bisogno.

La pratica della Gentilezza Amorevole

> *Il bocciolo rappresenta tutte le cose,*
> *anche quelle che non fioriscono,*
> *poiché tutto fiorisce, dall'interno;*
> *anche se a volte è necessario*
> *ricordare alle cose la propria bellezza,*
> *posare una mano sul capo del fiore*
> *e ripetergli*
> *a gesti e parole*
> *che è bello,*
> *finché fiorisce di nuovo,*
> *dall'interno, con auto benedizioni.*
> Galway Kinnell

C'è un'altra tecnica di Mindfulness che ho sperimentato restandone profondamente colpita. È la pratica della *Gentilezza Amorevole*, o *Metta*, una tecnica che si basa sull'indirizzare a se stessi (e se si vuole, agli altri) delle frasi positive o delle benedizioni.
La pratica nasce nella tradizione buddhista, ma nella Mindfulness è stata depurata di ogni aspetto religioso e ne sono stati misurati gli effetti positivi sul cervello tanto da renderla parte integrante dei protocolli Mindfulness per la riduzione dello stress.
Si tratta di rivolgere a se stessi queste frasi benevole:

Che io possa essere al sicuro, libero da ogni pericolo.
Che io possa essere felice.
Che io possa essere in buona salute.
Che io possa vivere con agio.

È di una semplicità disarmante. La prima volta che la sperimentai, durante un ritiro di meditazione, mi prese una commozione talmente profonda che non ho potuto evitare di lasciarmi piangere. Era un pianto di tenerezza, di compartecipazione, di compassione per tutte le parti di me che avevo sempre bistrattato, criticato, giudicato, rifiutato.
Sharon Salzberg, la studiosa che ha fatto conoscere la *Metta* all'Occidente, racconta di come all'inizio si sentisse stupida a ripetere mentalmente frasi in cui non credeva e che le sembravano troppo sdolcinate. Ma il suo maestro le diceva di continuare e lei continuò anche senza capirne il senso. Si accorse dei risultati dopo qualche mese: un giorno per errore ruppe un oggetto prezioso a cui teneva molto. Si rese conto che qualcosa di profondo era cambiato dentro di lei. Una voce dentro le sussurrava dolcemente "Ok, non importa, va bene così". Si accorse che di solito sarebbe partito un flusso terribile di giudizi e rimproveri "Sei una stupida! Guarda cosa hai fatto! Sei la solita! Fai sempre disastri!". Ma stavolta no. Stava cominciando a imparare l'accettazione, la gentilezza amorevole, la compassione anche verso i suoi lati più scomodi.

La pratica ha questo effetto, oltre tutti gli altri benefici sulla neurofisiologia che abbiamo detto sopra. L'invito è quello di farne esperienza e sentire cosa accade, senza aspettative e senza giudizio.
È probabile che all'inizio tu possa provare irritazione o irrequietezza per il fatto di pronunciare delle frasi di benevolenza così diverse dai rimproveri e dai giudizi che di solito rivolgi a te stesso. Va bene, lasciati il tempo. Quello che è importante è pronunciare o pensare le parole con intenzione, mettendoci presenza mentale e non come se stessi recitando parole a caso o in modo vuoto.
La pratica in genere è composta da queste quattro frasi, ma è fortemente consigliato di essere creativi. Modifica le tue frasi, quelle che ti toccano, trova le parole che ti risuonano meglio. L'unica regola e iniziare sempre con *Che io possa* e mentre le pronunci pensa di indirizzarle a te stesso.

Che io possa essere al sicuro e protetto.
Che io possa essere felice.
Che io possa essere in buona salute.
Che io possa vivere con agio.
Che io possa essere libero dalla paura.
Che io possa apprezzare la mia sensibilità.
Che io possa accettarmi così come sono.
Che io possa ricordarmi di essere gentile.
Che io possa amarmi così come sono.
Che io possa…

Sii creativo. Segui l'istinto.
Quando hai scelto le tue frasi (mi raccomando al massimo 4 o 5), comincia a fare pratica ripetendole mentalmente, o per cominciare anche sussurrandole, nello stesso ordine, per diverse volte.
Quando decidi di praticare punta una sveglia: 5 minuti possono bastare all'inizio. Poi potrai aumentare il tempo. Fai attenzione al respiro durante la pratica: puoi fare una respirazione completa tra una frase e l'altra. Cerca il tuo modo.
Lasciati guidare dalla pratica stessa per qualche tempo. Non aspettarti nulla. Concediti solo qualche minuto al giorno in cui impari a essere indulgente verso te stesso, ad augurarti ogni bene, in cui ti concedi di farti degli auto-regali.
La pratica di Gentilezza Amorevole completa nasce per essere indirizzata a più persone: noi stessi; un benefattore, qualcuno che ci ha fatto del bene; una persona cara, diversa dal benefattore; una persona neutra e una persona difficile.
Ma non è un caso che la prima persona siamo noi stessi. Come insegna la tradizione si comincia praticando per diverso tempo solo su se stessi, non per egoismo, tutt'altro: augurare il bene a noi stessi è l'atto di gentilezza più difficile da fare, perché siamo sempre più duri con noi stessi che con le altre persone. E se impariamo a essere indulgenti e compassionevoli con noi stessi, naturalmente lo

saremo con gli altri. Quindi all'inizio l'invito è quello di rivolgere le frasi di benevolenza solo a te stesso.
Per noi PAS la pratica di Gentilezza Amorevole è straordinariamente utile per riprogrammare profondamente la nostra mente, perché molti di noi hanno sperimentato la sensazione di sentirsi diversi, strani o sbagliali, deboli o fragili e non sono stati gentili con se stessi, giudicandosi, rimproverandosi o forzandosi a essere diversi. Le neuroscienze confermano che il modo in cui parliamo a noi stessi forgia il nostro cervello e la nostra mente. Imparare a rivolgerci parole benevole, parole di amore e approvazione, può effettivamente, alla lunga, generare un cambiamento profondo non solo nella nostra personalità ma anche nella nostra neurologia. Con questa pratica possiamo:

- imparare a essere gentili con noi stessi, prima di desiderare gentilezza e attenzioni dagli altri;
- imparare a essere benevoli verso di noi e augurarci il meglio riprogrammando così il cervello profondamente;
- imparare a valorizzarci come persone che meritano la felicità;
- dedicare a noi stessi quella fantastica empatia che di solito riserviamo alle altre persone.

Oltre a tutto questo, la *Metta* è una tecnica così dolce e così altamente sensibile che praticandola percepiamo subito un tale senso di pace e integrità, una tale quiete che è come farci una coccola bellissima.

E ORA... FAI PRATICA!

Le pratiche proposte andrebbero svolte in un luogo in cui puoi non essere disturbato e in silenzio, senza l'ausilio di musiche rilassanti o altro, tutti i giorni.

Una pratica guidata di Mindfulness sul respiro

Questa è una semplice e breve traccia di Mindfulness che puoi usare per allenarti. Puoi leggerla diverse volte, impararne i passaggi salienti e poi sperimentarla lasciandoti guidare dall'istinto. Oppure puoi usare la tua voce come guida, leggendola mentre ti registri per poi eseguirla. Usa un tono morbido e rilassato. Dove trovi i tre puntini fai una piccola pausa. Naturalmente la Mindfulness, come tutto, richiede tempo e allenamento per dare risultati. Puoi iniziare con 5 minuti al giorno, per poi aumentare fino a 20 o 30 minuti al giorno.

Mettiti in un luogo in cui sai di non essere disturbato… seduto in una posizione comoda… su una sedia o a terra in posizione di meditazione… una posizione in cui tu possa sentirti vigile e presente a te stesso… evita di stare sdraiato altrimenti il sonno potrebbe arrivare a portarti via dall'esperienza… la schiena è diritta ma non rigida… i piedi se sei sulla sedia… sono paralleli tra loro e poggiati a terra… mentre se sei sul cuscino a terra… abbi cura che il bacino sia più in alto delle ginocchia… in modo da favorire la circolazione… puoi chiudere gli occhi…così sarà più facile rivolgere l'attenzione all'interno… comincia a lasciare sullo sfondo i suoni dell'ambiente… e porta l'attenzione al tuo corpo… i punti del tuo corpo che poggiano sulle superfici… la sedia… il cuscino… il pavimento... le spalle rilassate… lontane dalle orecchie… le mani poggiate in

grembo o sulle cosce... porta l'attenzione alle sensazioni del corpo... semplicemente notando quello che c'è... senza intervenire... né cercare di modificare nulla... puoi notare la temperatura di alcune parti del corpo... il formicolio in certe zone... o anche nulla... puoi notare anche la qualità delle emozioni dominanti in questo momento... semplicemente nota... senza giudicare... prendi qualche istante anche per notare com'è la qualità della mente adesso... qui e ora... agitata?... curiosa?... tranquilla?... preoccupata?... svogliata?... qualunque cosa sia... va bene... ora porta l'attenzione al respiro... l'attenzione è come un fascio di luce...
rivolgilo adesso al tuo respiro... nota il processo del respiro nel suo divenire... momento per momento... diventa consapevole di qual è la parte del corpo in cui percepisci più nitidamente le sensazioni connesse alla respirazione... può essere nell'addome... va bene... nota l'aria che... entrando e uscendo... gonfia e sgonfia la pancia... ricorda... non stai pensando all'addome... stai sentendo l'addome... che si muove a ogni inspirazione ed espirazione... oppure il respiro può essere più nitido nel petto... va bene anche così...
porta la consapevolezza a ogni inspirazione... che gonfia la gabbia toracica e alza leggermente le spalle...
poi porta attenzione all'espirazione... che sgonfia il petto mentre lasci andare... o ancora... forse senti vividamente l'aria che entra ed esce dal naso... anche questo va bene... diventa consapevole delle sensazioni dell'aria fresca... mentre entra nelle narici... e dell'aria più tiepida... quando esce dalle narici... una volta che hai sentito qual è la zona in cui percepisci meglio il respiro... porta lì la tua attenzione... come un fascio di luce... prova a diventare consapevole di questo respiro... proprio ora... in questo momento... e in questo altro momento... e in questo altro momento... osserva

se c'è irrequietezza nel corpo... difficoltà a restare fermo... è naturale... prova ad aprirti ancora di più all'esperienza che stai facendo... prova a lasciare andare... è anche del tutto normale che la tua mente si ribelli a questa pratica... la mente corre... da un pensiero all'altro... da un'idea all'altra... ed è normale che tu sia continuamente distratto... la Mindfulness è proprio questo... ogni volta che ti accorgi che hai perso l'attenzione sul respiro... e hai seguito un pensiero... fermati... e gentilmente... ma con fermezza... riporta l'attenzione al flusso del respiro... semplicemente... mentre inspiri... senti che stai inspirando... mentre espiri... nota che stai espirando... è tutto qui... non ti si chiede altro... solo tornare al respiro ancora... e ancora... ogni volta che l'attenzione segue un'emozione... un'idea... un suono che distrae... resta per qualche tempo radicato al respiro... il respiro è un'àncora... a cui puoi tornare... perché il respiro è sempre nel momento presente... il respiro è sempre con te... puoi avere fiducia nel processo del respiro che ti insegna ad accogliere... e a lasciare andare... ti insegna... a stare qui... con la tua attenzione... momento... dopo momento... prenditi qualche istante per stare in silenzio... consapevole dell'inspirazione... e consapevole dell'espirazione...

(Stai in silenzio per 1-2 minuti).

Nota dov'è la tua mente ora...

Riporta gentilmente l'attenzione al respiro...

(Resta ancora 1-2 minuti).

Al suono della sveglia, muovi il corpo, stiracchiati lentamente e riapri gli occhi.

Una pratica di Gentilezza Amorevole

Inizia facendo prima qualche minuto di pratica sul respiro, come con la traccia precedente.

Mettiti seduto in una posizione comoda su una sedia o a terra in posizione di meditazione… una posizione in cui tu possa sentirti vigile e presente a te tesso… evita di stare sdraiato altrimenti il sonno potrebbe arrivare a portarti via dall'esperienza… con gli occhi chiusi sarà più facile rivolgere l'attenzione all'interno… comincia a lasciare sullo sfondo i suoni dell'ambiente… e porta l'attenzione al tuo corpo… la schiena è eretta ma non tesa… le spalle ben aperte ma non contratte… lontane dalle orecchie… le mani poggiate in grembo o sulle cosce… porta l'attenzione alle sensazioni del corpo… semplicemente notando quello che c'è… senza intervenire… né cercare di modificare nulla… puoi notare la temperatura di alcune parti del corpo… il formicolio in certe zone… o anche nulla… puoi notare anche la qualità delle emozioni dominanti in questo momento… semplicemente nota… senza giudicare… prendi qualche istante anche per notare com'è la qualità della mente adesso… qui e ora… agitata… curiosa… tranquilla… preoccupata… svogliata… qualunque cosa sia… va bene… ora porta l'attenzione al respiro… nota il processo del respiro nel suo divenire… momento per momento… inspirazione… espirazione… porta lì la tua attenzione… come un fascio di luce… prova a diventare consapevole di questo respiro… proprio ora… in questo momento… e in questo altro momento… e in questo altro momento…

Quando ti senti pronto, inizia con le tue frasi, pensandole o bisbigliandole se ti aiuta, per almeno tre volte di seguito, ma puoi continuare il tempo che senti utile per te.

Le frasi seguenti sono le mie preferite al momento, sentiti libero di generare le tue:

Che io possa essere al sicuro e libero da ogni pericolo.
Che io possa essere felice.
Che io possa essere in pace.
Che io possa essere in buona salute.
Che io possa apprezzare la mia sensibilità.

(Stai in silenzio per 1-2 minuti, restando ricettivo a tutto ciò che emerge).

Al termine, muovi il corpo, stiracchiati lentamente e riapri gli occhi.

Decompressione del corpo

Il corpo e la mente sono funzionalmente identici:
quello che succede alla mente riflette quello che succede al corpo e viceversa.
La salute è connessa allo stato di vitalità del corpo.
Ogni stress produce una tensione, una contrattura nel corpo
che diminuisce la vitalità e la salute generale.
Alexander Lowen

Abbiamo visto nella prima parte del libro come il rapporto tra le PAS e il proprio corpo sia complicato.
Iper-sensibile, iper-reattivo, il corpo delle HSP risente immediatamente della sopraffazione psicofisica, andando in crollo più facilmente e richiedendo più tempo per recuperare uno stato di salute.
Sensibili anche dal punto di vista immunitario, spesso le PAS somatizzano i disagi emotivi o sono più cagionevoli.
Abbiamo anche visto che alcuni ipersensibili sprofondano nelle sensazioni del corpo, restando costantemente in allerta per verificare se qualcosa non va e spaventandosi a seguito di percezioni a volte anche minime.
Altre PAS hanno invece fatto precocemente una scelta diversa: disconnettersi dal corpo e anestetizzare le sensazioni per cercare di evitare quel senso di sopraffazione tipico dell'alta sensibilità.
In tutti questi casi il corpo è costantemente sotto pressione.
L'asticella della tensione e della stanchezza è sempre al limite, così

che qualunque evento può potenzialmente diventare la goccia che fa traboccare il vaso mandandoci nella Zona di Crollo.
Gli esercizi di Bioenergetica sono un valido aiuto per le PAS:

- per prevenire il crollo;
- per scaricare le tensioni da over-arousal;
- per condurre una buona manutenzione quotidiana della nostra alta sensibilità;
- per tornare a fidarci del nostro corpo;
- per imparare a decodificare le nostre percezioni;
- per aumentare la consapevolezza dei nostri stati interiori;
- per rendere la sensibilità uno strumento potente ed efficace.

Gli esercizi di Bioenergetica

Uso spesso questa metafora nei miei corsi. Immaginiamo ogni stress che viviamo come un'auto che crea un ingorgo in una via cittadina. L'auto bloccata in mezzo alla strada impedisce il normale fluire del traffico: a poco a poco la circolazione ne risente, non solo in quella zona, ma nell'intera città. Se si riesce a far partire l'auto, la circolazione riprende a fluire regolarmente. Così accade anche dentro di noi.
Ogni evento stressante crea inconsapevolmente un blocco muscolare che impedisce il normale fluire di energia, sangue e respiro, non solo nell'area interessata, ma in varia misura in tutto l'organismo, col risultato di disconnetterci dal nostro corpo, ma anche dalle nostre emozioni, poiché corpo e mente seguono le stesse leggi funzionali.
Gli esercizi di Bioenergetica hanno l'obiettivo di aiutarci a **entrare in contatto con le tensioni presenti nel corpo, riconoscerle e scioglierle**, generando così uno stato di benessere immediato dato dalla liberazione della contrattura fisica ed emotiva, ma anche un benessere a lungo termine dovuto allo scioglimento dei blocchi cronici a lungo trattenuti.

Naturalmente la ginnastica dolce o anche lo yoga sono molto indicati per le PAS. Ma la Bioenergetica è una tecnica psicocorporea che aiuta a diventare consapevoli delle emozioni trattenute nel corpo, liberarle e raggiungere così progressivamente uno stato di benessere anche psicologico. Gli esercizi di Bioenergetica sono parte integrante della mia "valigetta degli attrezzi" per lavorare con gli ipersensibili, sia in sessioni individuali che di gruppo.

Sensibili e radicati

Sappiamo bene cosa ci accade quando siamo nella Zona di Crollo: ansia, rimuginazione, umore depresso, malesseri fisici fino a manifestazioni più importanti come panico, derealizzazione, senso di dissociazione. Letteralmente ci sentiamo persi, alla deriva, ci crolla la terra sotto i piedi.
Gli esercizi di Bioenergetica permettono il *Grounding* ("radicamento"), cioè ci allenano a diventare solidi, ben appoggiati alla realtà, a essere resilienti, a saper affrontare le sfide, le crisi, i traumi e uscirne ancora più stabili. Si dice anche "restare con i piedi per terra" e questa competenza non è solo mentale ma anche corporea e la possiamo allenare. Il corpo, insomma, diventa uno strumento per arrivare al centro di sé e diventare più forti nella vita.

Sensibili e vibranti

La fisica quantistica ci ha ricordato recentemente che tutto ciò che è vivo e vitale emette una vibrazione.
Ogni esercizio di Bioenergetica si sviluppa secondo un ciclo di contrazione ed espansione, che è il ciclo naturale dell'energia. Nella fase di contrazione, i muscoli su cui si sta lavorando vengono sottoposti a un piccolo sforzo provocato volontariamente e non troppo faticoso, creando in qualche modo, una cura di tipo omeopatico: sovrapponendo tensione volontaria a tensione in-

volontaria e preesistente, il corpo viene stimolato a reagire, rilasciando e liberando il blocco muscolare ed emotivo contenuto in quell'area.
La liberazione della carica e la decompressione avviene tramite:

- piccole vibrazioni, che si sviluppano involontariamente nel corpo, del tutto naturali, e che sono il segnale della vitalità innata dell'organismo;
- pianto;
- riso;
- emozioni;
- calore;
- respirazione più profonda;
- senso di leggerezza;
- aumento dell'energia generale;
- un piacevole senso di benessere e rilassamento.

Respirare pienamente

Quando siamo sotto stress o in *over-arousal* abbiamo la pancia, il torace o la gola contratti e non possiamo respirare bene.
Naturalmente invece, la respirazione è come un'onda che ha inizio nella parte profonda del bacino e scorre verso l'alto fino alla bocca, mentre le grandi cavità si espandono per lasciar entrare l'aria.
Recuperare la respirazione spontanea e completa attiva la modalità parasimpatica del sistema nervoso autonomo, va a riportare in equilibrio neurovegetativo l'organismo ed è benefico a vari livelli.
Sul corpo:

- riossigena e permette un'irrorazione sanguigna regolare di tutti gli organi e i tessuti;
- bilancia il ritmo cardiaco e respiratorio;
- rallenta il polso;

- facilita la digestione;
- favorisce una corretta secrezione ormonale;
- regola la pressione;
- aumenta il rilassamento muscolare.

Sulla psiche:

- permette che la mente si quieti, contrastando la tendenza a rimuginare;
- riduce l'ansia;
- migliora il riposo notturno;
- aumenta la resistenza allo stress.

Tornare a fidarci delle sensazioni

Attraverso gli esercizi di Bioenergetica impariamo:

- a fidarci del nostro corpo e delle indicazioni che ci manda;
- a valorizzare la nostra speciale sensibilità;
- ad accogliere e riconoscere i segnali di allarme o fastidio che il corpo ci invia prima di entrare nella Zona di Rischio;
- a scaricare le tensioni del corpo quando siamo vicini al limite;
- a tornare più velocemente in equilibrio dopo uno stress, così da frequentare sempre meno la Zona di Rischio o la Zona di Crollo.

A mano a mano che acquisiamo familiarità con la pratica vedremo che la vitalità e la quantità dell'energia fisica e mentale tendono a salire, con una maggiore capacità anche di affrontare gli eventi stressanti.
Gli effetti, che si consolidano poi nel tempo, sono evidenti già dopo una sessione:

- maggior senso di radicamento e solidità del corpo;
- maggiore consapevolezza corporea;
- leggerezza mentale;
- maggior capacità di affrontare le situazioni;
- miglioramento del riposo;
- aumento della vitalità generale;
- migliore capacità di rilassamento.

La Bioenergetica oltre a essere uno strumento valido è stata per me molto importante durante un momento molto difficile della mia vita. Intorno ai 30 anni, ho dovuto affrontare una grave malattia. È lì che ho cominciato ad avere dei chiari segnali che la mia sensibilità non era affatto una debolezza, ma una forza portentosa.

Le tecniche che vi propongo mi sono state straordinariamente utili allora, e una volta guarita, le ho studiate a lungo e mi sono ulteriormente specializzata per portarle come risorsa alle altre persone.
Attendevo con ansia il giorno della mia sessione di esercizi bioenergetici: era uno spazio in cui potevo finalmente mollare e smettere di fare. Potevo semplicemente lasciami essere e ascoltarmi, profondamente.
Mentre il corpo si muoveva e respirava e vibrava, io sentivo che non ero sola, che c'era una solidità dentro di me che mi sosteneva e mi guidava e che avevo molta più forza di quanto pensassi. Tornavo in contatto con la mia sensibilità e con la gentilezza di cui ciascuno di noi ha bisogno.
Spesso sentivo delle emozioni forti durante il lavoro: raramente brutte, più di frequente mi commuovevo o le lacrime scioglievano qualche contrattura profonda, mentre il diaframma si sbloccava o il bacino si apriva.
Terminate le sessioni, non ero mai la stessa di prima. Avevo sempre imparato qualcosa di me che prima non sapevo, avevo alleggerito, o caricato. Se ero stanca, mi sentivo carica. Se iniziavo depressa, ne uscivo rigenerata.

Non è magia: è la saggezza dell'organismo che fa quello che serve per ritrovare l'equilibrio.
E la Bioenergetica è un valido strumento che parla alla saggezza e alla sensibilità del nostro corpo e ci aiuta a ritrovarle entrambe.
L'ho sperimentato su me stessa e lo sperimento quotidianamente nel mio studio come psicoterapeuta.

E ORA... FAI PRATICA!

Posizione di base

In piedi, gambe alla larghezza delle tue anche, piedi paralleli tra loro, con le punte che leggermente si guardano, ginocchia morbide e flesse tanto che se guardiamo in giù non vediamo la punta dei piedi. Fai attenzione che le ginocchia non collassino a x verso l'interno: tieni un po' di spinta nella parte esterna dei piedi per tenere le ginocchia ben parallele. Bacino leggermente ruotato all'indietro come se fossimo appoggiati su uno sgabello alto. Addome rilassato. Braccia lungo il corpo. Spalle rilassate. Colonna vertebrale diritta ma non rigida. Vertebre cervicali in posizione naturale. Testa diritta come se un immaginario filo sostenesse la sommità del capo. Occhi rilassati, chiusi o che fissano un punto a terra davanti a noi. Mandibole morbide e labbra leggermente socchiuse. Il respiro è spontaneo, dalla bocca. Il peso è su tutta la pianta dei piedi, leggermente più spostato nella parte anteriore. Comincia a familiarizzare con questa posizione, non consueta, ma molto utile come scarica e centratura.

Concediti alcuni respiri in questa posizione e semplicemente porta la consapevolezza al corpo e alle sensazioni che ne derivano.

Grounding con carica delle gambe

Questo esercizio è ottimo la mattina per caricarsi o durante la giornata per ricreare decompressione e ricarica nel sistema sensibile. Regolati in base alle possibilità del tuo corpo e se senti dolore interrompi.

Comincia assumendo la posizione di base. Centrati e concediti qualche respiro in piena consapevolezza.
Poi da questa posizione inizia il lavoro di carica e scarica sulle gambe.
Inspirando dalla bocca, fletti leggermente di più le gambe andando verso il basso. Espirando, spingi con i piedi nel pavimento e risali lentamente fino a tornare nella posizione di base.
Cerca di non andare in avanti con il petto e le spalle mentre scendi.
Nella risalita invece il movimento inizia dai piedi che spingono a terra e non dal bacino. E fai attenzione a non bloccare le ginocchia mai.
Puoi tenere gli occhi aperti con lo sguardo fisso su un punto o gli occhi chiusi. Scegli come preferisci.
Se ti concedi qualche movimento e familiarizzi con l'esercizio, noterai che emergono delle piccole vibrazioni nelle gambe, dei tremolii. È una cosa buona! Lasciati entrare nell'esercizio senza giudicare. Dai tempi al corpo.
Ricorda:
mentre porti dentro l'aria, scendi,
mentre lasci uscire l'aria, spingi con i piedi a terra e risali.

Lascia che sia il respiro a dettare i tempi.
Una ispirazione per scendere. Una espirazione per salire.
Continua per qualche minuto e nota cosa accade.
Potresti sentire dei tremori naturali nelle gambe ma anche in altri punti del corpo: non avere paura, è del tutto naturale ed anzi è auspicato in questa tecnica.
Poi concludi tornando in posizione di base e a occhi chiusi ascolta le sensazioni per qualche istante.

Quali sono le sensazioni nel corpo?
Cosa noti?
Come è cambiata la temperatura?
Come ti senti?
Com'è la qualità del radicamento, dell'appoggio a terra?
Com'è la qualità della presenza mentale ?
Com'è il respiro?
Qual è l'emozione dominante?

Groundig con piegamento in avanti (bend-over)

Questo esercizio è ottimo a fine giornata per dare decompressione psicofisica all'organismo sensibile e scaricare la tensione in eccesso. Un altro effetto è la decompressione dei dischi intervertebrali con un immediato sollievo. Regolati in base alle possibilità del tuo corpo e se senti dolore interrompi.

Comincia assumendo la posizione di base. Centrati e concediti qualche respiro in piena consapevolezza.
Poi da questa posizione, lascia che la testa si pieghi in avanti, portando il mento verso il petto. Respira naturalmente, mentre ti sbilanci leggermente in avanti e lasci che anche le spalle e le braccia scendano verso il basso seguendo il peso della testa.
Molto lentamente lascia che il peso della testa, abbandonata in

avanti, srotoli la colonna vertebrale verso il basso, lentamente, una vertebra dopo l'altra. Fai questo movimento con consapevolezza, lentamente, senza strappi: lascia che accada senza forzare. È la forza di gravità che guida la testa e le braccia verso il pavimento e che permette alla schiena di srotolarsi.

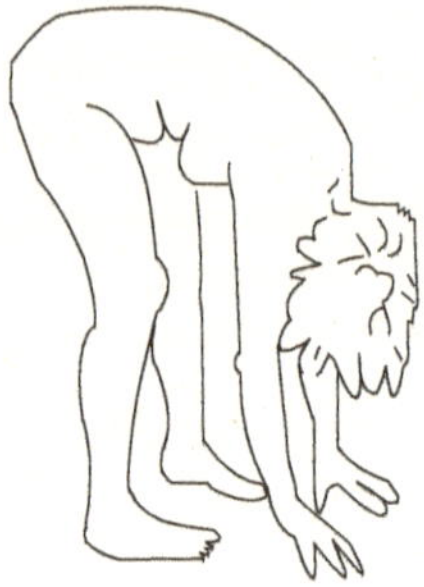

Le ginocchia sono sempre morbide e flesse: non stai facendo stretching. Cerca di tenerle parallele e di non incrociarle. Se riesci, fermati con le dita delle mani che sfiorano il pavimento, senza appoggiarti però. Il tuo peso è sostenuto dalle gambe. I piedi tengono un po' di spinta nel pavimento in modo da non sederti sul bacino. Abbi cura di lasciare morbide le vertebre cervicali e di lasciare la testa abbandonata alla forza di gravità, libera.
In questa posizione resta per il tempo che senti buono per te.
Lasciati respirare dalla bocca o dal naso, come ti viene meglio.
Puoi anche immaginare di respirare dalla colonna vertebrale e di riossigenare le tue vertebre che si nutrono e si rilassano.
Più ti affidi alle gambe, più permetti le sottili vibrazioni, più la posizione è piacevole. Lasciati il tempo di sperimentare.
Quando vuoi risalire ci sono dei passaggi che devi fare.
Innanzi tutto fallo lentamente e respirando profondamente.
Se li avevi chiusi, ora riapri gli occhi.
Per prima cosa, fletti leggermente di più le ginocchia, portando il bacino più verso il pavimento come per prendere una spinta.
Poi spingi fortemente con i piedi nel pavimento: è da questo movimento che tutto il corpo prenderà la forza per portarsi di nuovo in posizione eretta.
La testa resta per tutto il tempo abbandonata verso il petto e rilassata. Tenderai a contrarre il collo, facci attenzione.

Per prime, tornano erette le gambe (ma non tese);
poi il bacino, la zona lombare, tutta la schiena, le spalle e infine, solo per ultima, la testa tornerà diritta.
Riprendi la posizione di base, senza iper-estendere le ginocchia e resta così, se vuoi ancora con gli occhi chiusi, per qualche istante.

Apprezza tutti i piccoli cambiamenti che sono avvenuti a seguito dell'esercizio, nei muscoli, nel respiro e anche nelle emozioni e nei pensieri.

Quali sono le sensazioni nel corpo?
Cosa noti?
Come è cambiata la temperatura?
Come ti senti?
Com'è la qualità del radicamento dell'appoggio a terra?
Com'è la qualità della presenza mentale?
Com'è il respiro?
Qual è l'emozione dominante?

Divertimento e creatività

Divertirsi per noi non riguarda il "fare qualcosa", ma piuttosto il "fare di meno" o il "non fare". Divertirsi per le PAS significa lasciarsi essere.

Parole d'ordine: decompressione e leggerezza

Una parola che mi piace molto e può ben rappresentare il nostro stile ipersensibile di divertimento è **decompressione**: qualcosa che è compresso è sottoposto a un peso, a una pressione, è teso, contratto, stretto, indurito, freddo. Qualcosa che smette di esserlo, si espande, si rilassa, si ammorbidisce, si distende, si scalda e si alleggerisce.

Questo mi porta al secondo ingrediente del nostro divertimento: la **leggerezza**. Una cosa leggera fluttua, vola, ha respiro, ha ampiezza, si muove fluidamente e va dove vuole. Leggerezza non è superficialità è avere il cuore leggero, diceva italo Calvino, e io trovo questa definizione poetica e contemporaneamente molto esatta per il nostro modo di essere.

Capiamoci bene: per noi HSP nel divertimento ci deve essere sempre e comunque, densità, senso, significato. La superficialità, le chiacchiere inutili, i luoghi comuni ci annoiano e ci infastidiscono parecchio. Per divertirci dobbiamo avere il cuore leggero. Per ridere davvero, di pancia, noi ipersensibili dobbiamo prima di tutto sentirci al sicuro, sentirci al posto giusto, accettati, visti, compresi.

Dobbiamo sentirci interi e non giudicati. Allora possiamo anche diventare "il capobanda", il trascinatore della serata, l'istrione che interpreta mille ruoli, il creativo che propone nuove attività, con l'ironia intelligente ma che non ferisce, con la nostra capacità di empatizzare e capire cosa piace anche agli altri, con il nostro modo che coinvolge tutti i presenti generando un clima di compartecipazione e avvolgente allegria.
Per questo è possibile che ci divertiamo molto con persone sensibili come noi, da cui ci sentiamo compresi, e con persone che ci apprezzano oppure, paradossalmente, con estranei o persone conosciute da poco, con cui possiamo finalmente essere noi stessi perché l'altro non ci conosce e non ci etichetta.
Nel tempo, sia rispetto ai miei pazienti sia per esperienza personale, ho trovato che siano questi gli ingredienti necessari per un buon divertimento HSP e che possiamo smettere di forzarci a divertirci "come gli altri" e giudicarci se le attività che sono di svago per la maggior parte delle persone sono per noi invece fonte di stress.
Qui ho fatto una lista, non definitiva di certo, delle attività buone per la nostra decompressione e leggerezza, sulla base delle esperienze che mi raccontano persone ipersensibili dentro e fuori dal mio studio di psicoterapia e anche sulla base delle mie sperimentazioni.

- Ascoltare musica.
- Suonare musica.
- Andare a un concerto (valutando l'impatto dell'ambiente)
- Guardare un film (in sintonia con noi).
- Stare in contatto con animali.
- Leggere.
- Scrivere o tenere un diario.
- Andare al ristorante, sperimentando nuovi sapori.
- Andare nei locali dove c'è musica, purché si riesca anche a parlare.
- Curare delle piante o un orto.
- Creare con le mani: dipingere, scolpire, fare decoupage, bricolage, falegnameria...
- Cucinare.

- Fare sport, con le raccomandazioni di cui sopra (vedi p. 113).
- Stare a contatto coi bambini.
- Passare del tempo con altri ipersensibili.
- Fare shopping, ma per breve tempo, da soli o in compagnia di una persona con cui siamo intimi.
- Riordinare la propria stanza o la casa.
- Fare attività di pulizia della casa, leggere ma regolari (non le grandi pulizie del cambio di stagione).
- Passeggiare.
- Meditare.
- Fare ogni giorno delle tecniche corporee (Bioenergetica, yoga).
- Farsi spesso un piccolo regalo, un piccolo pensiero per se stessi.
- Imparare qualcosa di nuovo, iscriversi a corsi per il tempo libero.
- Ballare.
- Andare alle terme.
- Farsi fare un massaggio
- Passare del tempo nella natura (mare, monti, lago... poco importa).
- Fotografare.
- Avere cura del proprio corpo.
- Fare corsi di crescita personale.
- Visitare una mostra o un museo.
- Partecipare a conferenze e seminari.
- Passare del tempo con amici cari.
- Stare con il partner.
- Fare l'amore.
- Andare a teatro o al cinema.
- Frequentare locali e discoteca, quando si ha voglia e organizzandosi in modo autonomo per poter andar via quando si vuole.
- Sfogliare riviste divertenti e leggère.
- Giocare: a carte, a scacchi, con giochi da tavolo.
- Fare la spesa al mercato rionale, nutrendoci di suoni e profumi in una dimensione più naturale dei grandi supermercati.
- Cantare a squarciagola...

L'importanza della creatività

> *La creatività è un modo di essere e di sentire,*
> *profondamente legato alla sensibilità*
> *e alla capacità di voler bene.*
> Carla Sale Musio

Diversi studi confermano che la creatività è un aspetto strettamente connesso all'alta sensibilità. Il processamento su più livelli, la velocità di idee, il pensiero divergente e la costante attivazione dell'emisfero destro rendono la creatività assolutamente necessaria alla buona salute delle PAS.
Per creatività intendo qualunque forma del creare, qualsiasi processo che da un materiale semplice o grezzo generi qualcosa di articolato, di complesso, qualcosa che prima di quel momento non esisteva.
Disegnare, dipingere, fare ogni forma di bricolage, scolpire, lavorare il legno, la creta, o qualunque altro materiale, scrivere, suonare uno strumento, recitare, cantare, ballare, cucinare, fare fotografie, fare gioielli, cucire, ricamare, fare a maglia, arredare, avere un orto, o curare le piante… La creatività è un fiume che può sfociare in un'unica direzione o in direzioni diverse. E può anche prendere sbocchi differenti nelle varie fasi della vita.

Personalmente, ci ho messo diverso tempo a comprendere che io ho bisogno di diversi canali espressivi.
Alla scuola materna mi davano spesso nelle recite di fine anno il ruolo più impegnativo, quello in cui recitavo e cantavo; ricordo anche una volta in cui interpretavo più personaggi nello stesso spettacolo. La cosa naturalmente mi creava una tale ansia e un tale mal di pancia, ma ricordo anche precisamente la bellissima sensazione quando salivo sul palco e la felicità pura. Per anni ho prestato la voce poi a diversi gruppi musicali, a volte come corista,

e al liceo come solista. Ma ero io la prima a non credere in me, nonostante i buoni risultati.
Verso gli 8 anni ho cominciato a scrivere, poesie e racconti che ho tenuto in una scatola per decenni e che solo a 37 anni sono diventati un vero libro. Poi per qualche tempo questa vena creativa è diventata silenziosa, mentre qualcosa dentro di me cercava una strada diversa per esprimersi.
Per molti anni ho comprato e tenuto in casa tele bianche per dipingere e non avevo il coraggio di usarle, pur sentendo una forte spinta a farlo. Mi sembrava di imbrattarle, mi giudicavo troppo. Finché un giorno un'amica pittrice mi ha detto: "Non c'è giusto o sbagliato, non avere paura, prendi i colori e buttati". Da PAS la mia tendenza al perfezionismo mi aveva impedito fino ad allora di lasciarmi libera, ma una volta cominciato ho creato delle cose interessanti, non certo dei Picasso, ma importanti per me e soprattutto ho scoperto che più dipingevo con poca luce o non sapendo che risultato volessi ottenere e più emergeva qualcosa di inaspettato: la mente razionale mollava un po' la presa, così la creatività si poteva esprimere pienamente.

A una persona non altamente sensibile, tutto questo potrebbe sembrare dispersivo, inutile; potrebbe giudicare un comportamento del genere volubile o indeciso.
Ma per noi PAS non è così: noi dobbiamo cercare una valvola di sfogo creativo per il ribollire delle nostre idee. Possiamo così concederci uno spazio in cui non essere ultra-competenti come tendiamo a fare, ma semplicemente liberi di esprimerci. Senza risultato. Senza giudizio. Solo per il puro piacere.
A mio parere rientrano qui anche le **attività creative e ludiche di volontariato**: esprimere la creatività per fare del bene agli altri. Cosa può esserci di più meraviglioso per le PAS?
Allora la creatività diventa un motore, che genera energia utile anche per tutte e altre attività, sperimentando un senso di efficacia e di gioia.

La spiritualità

> *L'uomo ha assolutamente bisogno*
> *di dare significato alla sua vita*
> *e di individuare il suo posto nell'universo.*
>
> Carl Gustav Jung
>
> *L'essere umano è una creatura spirituale.*
> *E c'è una connessione tra spiritualità e salute.*
>
> Alexander Lowen

Tutti i grandi maestri che hanno formato il mio sapere, e non solo questi due grandi autori, avevano una grande apertura alla spiritualità. E non credo sia un caso.

Secondo Jung, siamo tutti connessi attraverso una matrice, un inconscio collettivo che ci richiama a ritrovare questa connessione profonda.

Per Lowen, la perdita del senso della vita e la perdita del legame con la natura, gli animali, le persone provoca una serie di gravi e moderni disturbi.

Il dizionario Treccani definisce la spiritualità "una particolare **sensibilità** e profonda adesione ai valori spirituali" e "l'insieme degli elementi che caratterizzano i modi di vivere e di sperimentare realtà spirituali, sia con riguardo a forme di vita religiosa, sia con riferimento a movimenti filosofici, letterari ecc.".

L'essere umano anela a qualcosa oltre sé e tende alla ricerca di significato dell'esistenza. L'essere umano ha bisogno di avere fede. Come dice la definizione, non importa tanto se sia una fede religiosa o una fiducia in un senso di unità e connessione tra esseri umani o una sensazione di qualcosa oltre la vita.

Noi ipersensibili sentiamo vivida questa esigenza. E ciascuno di noi vive questo bisogno a modo proprio.

Io sono cresciuta in una cultura cattolica che ha creato anche un tessuto di relazioni e di valori che mi hanno formata profonda-

mente. Ma non mi era sufficiente. Poi ho studiato altre culture, ho viaggiato, ho sperimentato diversi tipi di ricerca spirituale.
Oggi sento che il mio essere spirituale è una parte fondante della mia sensibilità.
Quel significato profondo nel vivere, anche quando si fa difficile; la profonda connessione tra persone; la pienezza del cuore dopo un atto di generosità gratuito; la consapevolezza che le cose ci accadano sempre per insegnarci qualcosa e farci crescere come esseri umani: questi sono i valori spirituali che mi guidano anche quando la strada a volte si fa incerta.
Ogni azione può essere spirituale: pregare, meditare, cantare, ma anche cucinare, curare le piante e persino lavorare, come dicevano i monaci di clausura nel Medioevo (*ora et labora*).
L'invito è a trovare la tua o le tue forme di spiritualità e a praticarle come parte delle cure che rivolgi a te stesso per vivere pienamente la tua alta sensibilità.

Serve davvero una terapia per la sensibilità?

Carissima Dottoressa,
Le scrivo per ringraziarLa per tutto quello che ha fatto per me. Il percorso che abbiamo fatto insieme è stato importantissimo, perché ha davvero dato una svolta alla mia vita. Mi sono avvicinata alla terapia perché l'ansia si era impadronita di me, e questo mi faceva sentire impotente, vittima della vita e degli eventi, che vedevo come un peso enorme da reggere ogni giorno. Quando ho iniziato questo percorso, non immaginavo mai di poter scoprire tante cose di me stessa. Questo viaggio mi ha aiutato a ritrovarmi o forse proprio a trovarmi, dando un contenitore alla mia ipersensibilità, facendomi comprendere e sentire nel profondo di essere unica e speciale. Sono riuscita a riconoscere e accettare le mie fragilità e allo stesso tempo le qualità in cui non credevo. Questo mi ha dato forza, coraggio e soprattutto fiducia in me stessa. Credo che questo sia il segreto per la "felicità". Ora non ho più paura. Ora sono viva!! Sono davvero contenta di averla incontrata e di aver condiviso questo viaggio meraviglioso insieme.

Grazie di vero cuore
A presto, S.

Questa è solo una delle tante manifestazioni di affetto e riconoscenza che ho ricevuto negli anni e la condivido qui con umiltà e gratitudine, perché di fronte a queste cose mi rendo conto di fare il mestiere più bello del mondo.

Ma è davvero necessaria una psicoterapia per le persone altamente sensibili? È una domanda che ha molto senso.
La parola psicoterapia nel senso comune rimanda erroneamente all'idea che ci sia nella persona qualcosa di sbagliato da correggere, di rotto da aggiustare o di diverso da riportare nella norma.
Ma la psicoterapia non è questo. E l'alta sensibilità non è una malattia né un'etichetta diagnostica.
Psicoterapia significa prendersi cura dell'anima.
E come può soffrire l'anima? Purtroppo in tanti modi.
Quando tradiamo la nostra natura o la disconosciamo, se tentiamo di cambiarla, o se qualcuno o qualcosa tenta di manipolare il nostro modo di essere autentico, ecco che il disagio bussa alla porta. E può prendere varie forme: una semplice insoddisfazione, un male di vivere, la sensazione che qualcosa sia dissonante dentro di noi; o manifestazioni più importanti, le somatizzazioni, fino a veri e propri disturbi psicologici come l'ansia, gli attacchi di panico, i disturbi dell'umore.
Nel mio modo di lavorare la psicoterapia è un percorso per diventare ciò che si è davvero, un percorso alla ri-scoperta di sé.
Possiamo chiamarlo crescita personale, possiamo chiamarlo evoluzione o cambiamento: poco importa.

Per quanto riguarda le **PAS**, un percorso psicologico può essere molto utile per:

- lavorare sulle ferite del non riconoscimento e dell'isolamento;
- rinsaldare l'autostima;
- addestrarsi a riconoscere i pensieri disturbanti e le convinzioni depotenzianti;

- imparare a contenere le emozioni;
- gestire le sensazioni;
- allenarsi alle Fasi di Ascolto per evitare la Zona di Rischio;
- imparare la resilienza per uscire dalla Zona di Crollo;
- costruire la propria Zona di Benessere.

Queste sono tutte competenze che non si possono improvvisare, ma si possono acquisire. Ho dato un nome al percorso che faccio con le persone sensibili: **Fiorire è il fine©**, perché la sensibilità è un fiore che può aprirsi, realizzare se stessa e vivere pienamente la propria natura delicata e rigogliosa.
Fiorire significa diventare pienamente ciò che si è. Con gli ipersensibili che si rivolgono a me mi capita di svolgere sia percorsi di psicoterapia sia percorsi di counseling o più strettamente un coaching o un training su aspetti specifici dell'ipersensibilità: non è possibile fare un discorso generalista, è indispensabile un'approfondita valutazione con ciascuno per individuare come e quanto l'alta sensibilità impatti sulla qualità della vita di quella persona.

Ovviamente il consiglio è di rivolgersi a psicoterapeuti professionisti, preparati sull'ipersensibilità e non a chi strumentalizza questo tema, ora diventato "di moda".
E se è vero che un buon terapeuta è capace di aiutare una persona perché sa condurla nei percorsi che lui stesso ha già affrontato, è ancora più vero per l'alta sensibilità.
La stessa Aron spiega bene la differenza tra un terapeuta ipersensibile e un terapeuta non ipersensibile nell'aiutare le HSP, e molti di voi lo hanno forse sperimentato sulla propria pelle, effettuando lunghi percorsi psicologici, anche ben fatti, ma senza il giusto rispetto di questo tratto di personalità che ci contraddistingue e quindi, alla fine, poco efficaci.

Il lavoro con le PAS, per come lo intendo io, è **accompagnare le persone altamente sensibili a ritornare a casa e ad accomodar-**

si nella loro vera natura, imparare una corretta igiene quotidiana della ipersensibilità per evitarne gli aspetti più insidiosi e viverne pienamente tutti i lati positivi e peculiari.

Errori di valutazione

Negli anni in cui l'alta sensibilità non era conosciuta e ancora oggi – se ci rivolgiamo a chi non conosce questo aspetto – possiamo correre il rischio di essere etichettati in modo disfunzionale e scaraventati in una delle categorie patologiche che nel tempo sono state confuse con l'ipersensibilità.
Ricordiamo che la scala di autovalutazione della dottoressa Aron è uno strumento validato ed efficace, ma va corredata, senza arrivare alle indagini di *neuroimaging*, da una valutazione specialistica psicologica e comportamentale fatta da uno specialista del tema.
Ecco alcuni dei quadri diagnostici che spesso vengono confusi con l'alta sensibilità:

- l'autismo, nei bambini;
- i disturbi da deficit di attenzione;
- i disturbi dell'umore;
- la ciclotimia;
- i disturbi d'ansia generalizzata;
- gli attacchi di panico;
- l'agorafobia;
- la fobia sociale;
- il disturbo ossessivo-compulsivo;
- il disturbo post traumatico da stress;
- i disturbi somatoformi;
- i disturbi di personalità.

Le ricerche confermano purtroppo che se una persona altamente sensibile ha avuto un'infanzia difficile è più vulnerabile ad alcuni di questi disturbi. Ma non è un nesso causale inevitabile. Tantissimo dipende dall'ambiente in cui poi vive una PAS adulta e dalla sua resilienza, cioè la capacità di acquisire strategie evolute e di riparare le ferite.

È altrettanto vero che quasi tutte le HSP hanno avuto, o hanno, esperienza più o meno, prima o dopo, di qualcuno di questi disagi, in particolare nelle fasi della vita in cui sono inconsapevoli della propria caratteristica e si forzano all'adattamento: è probabile che i sintomi allora siano segnali di stress dell'organismo quando raggiunge il punto di rottura e va nella Zona di Crollo.

È giusto infine ricordare che è possibile anche il caso in cui l'alta sensibilità si associ ad altri specifici disturbi psicologici, indipendenti da questa caratteristica: e allora si determina un quadro più complesso e sfaccettato. Tuttavia è possibile trovare aiuto e sostegno anche in questa occasione, a seguito di una corretta valutazione del quadro psicologico globale.

Il ruolo positivo delle PAS per la società

Una delle ipotesi più interessanti in gioco è che il tratto dell'alta sensibilità, presente come abbiamo visto in una minoranza della popolazione, sia proprio per questa sua eccezionalità portatore di alcune risorse che a livello sociale potrebbero risultare di grande impatto.

Dalla mia esperienza, **l'alta sensibilità ha un ruolo evolutivo personale, relazionale e sociale.**

Nell'antichità, secondo alcune ipotesi, questa caratteristica era peculiare in alcune figure di spicco nel panorama storico, che però non avevano un ruolo attivo di primo piano: eminenze grigie, consiglieri, registi dietro le quinte di scelte e decisioni dei più importanti leader.

Dobbiamo partire dal presupposto che la spiccata sensibilità possa mettere in crisi chi non la possiede, perché mette in contatto con codici cognitivi, emotivi e relazionali differenti, sconosciuti e, per qualcuno, disorientanti. E allora la via più comoda ai più è minimizzare la sensibilità e svalutarla come irrazionalità o fragilità.

È necessario, quindi, abbandonare definitivamente l'idea distorta che **la sensibilità** sia una debolezza e comprendere una volta per tutte che è l'ingrediente base di **una diversa forma di potere**, non basata sull'esercizio della forza né sulla manipolazione o sulla violenza.

A livello personale, l'ipersensibilità, spinge costantemente l'individuo ad affrontare sfide, a consolidare i confini, a rimaneggiare l'identità, a imparare la resilienza e quindi favorisce la crescita personale e l'ampliamento del sé.

A livello relazionale, l'ipersensibilità è una cartina al tornasole della qualità dei rapporti ed è uno strumento principe per la loro costruzione, il loro nutrimento e la loro gestione.

A un livello più ampio, infine, le caratteristiche dell'ipersensibilità pongono le basi per una società più umana ed empatica dove gli obiettivi vengono raggiunti con modalità non-violente.

Il pensiero divergente delle PAS le rende adatte ai compiti di problem solving in situazioni complesse e delicate, dove è necessario procedere strategicamente tenendo conto di molti aspetti contemporaneamente e considerare molti livelli di concatenazione logica. Questo rende le HSP dei grandi leader in ambienti dove il potere occupa lo stesso spazio dell'etica e in contesti dove il team e il clima organizzativo sono l'elemento cardine.

Portatori di valori quali la riflessività, l'introspezione, la condivisione, l'affinità di intenti, sono abili nella **leadership empatica** fondata sul rispetto e la valorizzazione di ciascuno.

Molto **attente al benessere individuale**, le HSP creano ambienti confortevoli – in piccoli luoghi domestici come in grandi organizzazioni – non solo per se stesse, ma spesso anticipando i bisogni altrui e costruendo spazi in cui sentirsi al sicuro, liberi e creativi.

La riflessività e la considerazione attenta delle conseguenze delle azioni e del loro impatto emotivo fanno delle PAS **sagge consigliere** in diversi contesti, capaci di neutralizzare rischi eccessivi e decisioni impulsive.

L'estrema attenzione al clima emotivo rende le PAS abili nella costruzione di relazioni interpersonali autentiche, calde, rinforzanti e stimolanti.

Come abbiamo già detto, la propensione a mettersi in discussione e all'introspezione le identifica come **agenti di cambiamento** per se stesse e per le reti relazionali di cui fanno parte: l'abilità a stare con i vissuti, anche difficili, e a essere sotto stress spesso anche nelle piccole cose stimola la **resilienza**, cioè la capacità di uscire rafforzati da ogni sfida e di trasformarsi in meglio attraverso le situazioni critiche.

La **forte spinta etica** e l'estremo **senso di giustizia** rende gli ipersensibili degli acceleratori di processi nella direzione di una società più umana e rispettosa.

Il cervello in continua ebollizione degli ipersensibili li rende una fucina di idee creative, facendone artisti, scrittori, poeti, musicisti straordinariamente dotati e portando comunque in ogni professione che svolgono una quota di **innovazione e creatività** significativa.

In ultimo, ma non per ultimo, la ricerca costante di senso profondo nelle cose rende gli ipersensibili fortemente portati alla **spiritualità e alla trascendenza** e li rende abili ricercatori spirituali di tutto ciò che va oltre la vita e la materia.

Gratitudine

Si guarda indietro apprezzando gli insegnanti brillanti,
ma la gratitudine va a coloro
che hanno toccato la nostra sensibilità umana.
Carl Gustav Jung

Durante la scrittura di questo libro, che è durata mesi, ho perso qualcosa che era molto importante per me e contemporaneamente mi sono arricchita di qualcosa che è molto importante per me. E per quanto sia stato terribilmente doloroso, ne sono grata. Mi sono ricordata che essere HSP non è **avere** un'alta sensibilità, ma **essere** un'alta sensibilità, in ogni aspetto della vita e che, se davvero vuoi la felicità e la pace, non puoi vivere con questa caratteristica sforzandoti di tollerarla o di "incastrarla" nella tua quotidianità, nel tuo lavoro e nelle tue relazioni, ma devi costruire la tua vita intorno a questo tratto, facendone il **centro** del tuo equilibrio.
Sono grata alla forza della sensibilità.
E sono grata a me stessa.

Questo libro è il frutto di talmente tanti anni di studio e di lavoro, di pratica, di attività clinica e di vita vera, di lacrime, di dolore, di gioie, di amore, di ferite e di rinascite, che ringraziare tutte le persone che hanno in qualche modo contribuito diventa impossibile.

Grazie innanzitutto all'Editore e a Laura, che per primi hanno creduto in questo progetto; grazie a Miryam, che ha curato l'editing, e a Enrico per le immagini.
Ringrazio tutti coloro che ho incontrato sulla mia strada e che hanno la mia stessa sensibilità, in cui ho potuto e posso riconoscermi e sentirmi a casa.
Ringrazio anche tutti quelli che non hanno avuto sensibilità con me e che facendomi male mi hanno insegnato che dovevo lavorare di più sui miei confini e mi hanno permesso di sperimentare e di crescere.
Ringrazio tutte le persone che durante il mio percorso, da bambina a oggi, hanno coltivato la mai sensibilità: la mia famiglia, il mio zio preferito (HSP anche lui), insegnanti, terapeuti e persone che sfioravano tangenzialmente la mia vita, ma che hanno lasciato un segno importante.
Ringrazio il primo libro della Aron, arrivato per posta dagli Stati Uniti, quando acquistare online non era ancora qualcosa di così facile e abituale.
Ringrazio chi ha letto con amore e pazienza la prima bozza di questo lavoro e chi mi ha dato feed-back importanti: sì proprio voi!
Ringrazio tutte le persone che si sono rivolte a me per lavorare in psicoterapia o in formazione, per avermi fornito spunti importanti, conferme, riflessioni e avermi permesso generosamente di usare tutto ciò in questo libro.
Grazie: perché quando vedo le persone altamente sensibili più serene ed equilibrate sono felice e sento che l'impegno di essere io stessa ipersensibile e fare questo lavoro vale la fatica e ha un senso profondo.

Bibliografia

Acevedo B., Aron E., Aron A., Sangster M., Collins N., Brown L., *The highly sensitive brain: an fMRI study of sensory processing sensitivity and response to others' emotions*, "Brain Behaviour", 2014 Jul.

Amadei G., *Mindfulness*, Il Mulino, Bologna

Aron A., Ketay S., Hedden T., Aron E., Rose Markus H., Gabrieli JD., *Temperament trait of sensory processing sensitivity moderates cultural differences in neural response*, "Social Cognitive and Affective Neuroscience", 2010 Jun.

Aron A., Norman C.C., Aron E., McKenna C., Heyman R., *Couples' shared participation in novel and arousing activities and experienced relationship quality*, "Journal of Personality and Social Psychology", 2000 Feb.

Aron E., *Psychotherapy and the Highly Sensitive Person: Improving Outcomes for That*, Taylor & Francis Ltd

Aron E., *The Highly Sensitive Person: How to Surivive and Thrive When the World Overwhe*, HarperCollins Publishers

Aron E., *Highly Sensitive Child*, Broadway Books, New York

Aron E., *Highly Sensitive Person in Love*, Broadway Books, New York

Aron E., *The Highly Sensitive Person's Workbook: A Comprehensive Collection of Pre-tested Exercises Developed to Enhance the Lives of HSP's*, Broadway Books, New York

Aron E., *Revisiting Jung's concept of innate sensitiveness*, "Journal of Personality and Social Psychology", 2004 Jun.

Aron E., Aron A, Davies K., *Adult shyness: the interaction of temperamental sensitivity and an adverse childhood environment*, "Journal of Personality and Social Psychology Bull.", 2005 Feb.

Aron E., Aron A., Jagiellowicz J., *Sensory processing sensitivity: a review in the light of the evolution of biological responsivity*, "Journal of Personality and Social Psychology", 2012 Aug.

Aron E., Aron A., *Sensory-processing sensitivity and its relation to introversion and emotionality*, "Journal of Personality and Social Psychology", 1997 Aug.

Bandura A., *Autoefficacia*, Edizioni Centro Studi Erickson, Trento
Berckhan B., *Piccolo manuale per non farsi mettere i piedi in testa*, Feltrinelli, Milano
Blaszczak A., *Too Much Emotional Intelligence Is a Bad Thing*, "Scientific American Mind Behavior & Society", 2017 Mar.
Byron K., S. Mitchell, *Amare ciò che è*, Edizioni Il Punto d'Incontro, Vicenza
Castanyer O., *L'assertività*, Cittadella Editrice, Assisi
Chen C., Xiu D., Chen C., Moyzis R., Xia M., He Y., Xue G., Li J., He Q., Lei X., Wang Y., Liu B., Chen W., Zhu B., Dong Q., *Regional Homogeneity of Resting-State Brain Activity Suppresses the Effect of Dopamine-Related Genes on Sensory Processing Sensitivity*, "PLOS ONE", 2015 Aug.
Earl K. Miller, Jonathan D. Cohen, *An integrative theory of prefrontal cortex function* "Annual Review of Neuroscience", 2001.
Eisenkraft N., Elfenbein H.A., *The way you make me feel: Evidence for individual differences in affective presence*, "Psychological Science", 21
Ekman P., Friesen W., *Giù la maschera. Come riconoscere le emozioni dall'espressione del viso*, Giunti, Firenze
Goldstein E., *The Now Effect*, Atria Books, New York
Goleman D., *Intelligenza emotiva*, BUR, Milano
Goleman D., *Leadership emotiva*, BUR, Milano
Jagiellowicz J., Xu X., Aron A., Aron E., Cao G., Feng T., Weng X., *The trait of sensory processing sensitivity and neural responses to changes in visual scenes*, "Social Cognitive and Affective Neuroscience", 2011 Jan.
Jason P. Mitchell, Mahzarin R. Banaji, Macrae C. Neil, *The Link between Social Cognition and Self-referential Thought in the Medial Prefrontal Cortex*, Harvard University Ed., Cambridge, Massachusetts
Jung C.G., *Tipi psicologici*, Bollati Boringhieri, Torino
Jung C.G., *L'io e l'inconscio*, Bollati Boringhieri, Torino
Kabat-Zinn J., *Vivere momento per momento*, TEA, Milano
Kagan J., *Galen's prophecy: temperament in human nature*, Basic Books, New York
Lowen A. e L., *Espansione e integrazione del corpo in bioenergetica*, Astrolabio, Roma
Lowen A., *Bioenergetica*, Feltrinelli, Milano
Lowen A., *Il linguaggio del corpo*, Feltrinelli, Milano
Luhmann H., intervista sul web, "L'Internazionale", 23.11.2016
Meredith PJ., Bailey K., Strong J., Rappel G., Adult Attachment, *Sensory Processing, and Distress in Healthy Adults*, "American Journal of Occupational Therapy", 2016 Jan.

Meredith PJ., Rappel G., Strong J., Bailey K., *Sensory Sensitivity and Strategies for Coping With Pain*, "American Journal of Occupational Therapy", 2015 Jul.
Miller A., *Il dramma del bambino dotato*, Bollati Boringhieri, Torino
Padesky C., Greenberger D., *Penso, dunque mi sento meglio*, Edizioni Centro Studi Erickson, Trento
Goldstein P., Weissman-Fogel I., Shamay-Tsoory SG, *The role of touch in regulating inter-partner physiological coupling during empathy for pain*, 2017 "Scientific Reports"
Petitcollin C., *Il potere nascosto degli ipersensibili*, Sperling & Kupfler, Milano
Pink D.H., *Drive. La sorprendente verità su ciò che ci motiva nel lavoro e nella vita*, Rizzoli, Milano
Plutchik R., *Psicologia e biologia delle emozioni*, Bollati Boringhieri, Torino
Rütgena M., Seidela E., Silanib G., Riecanskýa I., Hummere A., Windischbergere C., Petrovicg P., Lamma C., *Placebo analgesia and its opioidergic regulation suggest that empathy for pain is grounded in self pain*, "PNAS", 112
Rizzo-Sierra C., Leon-Sarmiento F., *Higher sensory processing sensitivity, introversion and ectomorphism: New biomarkers for human creativity in developing rural areas*, "Journal of Neurosciences in Rural Practice" 2012 May
Rizzolatti G., Sinigaglia C., *So quel che fai. Il cervello che agisce e i neuroni specchio*, Cortina
Rizzolatti G., Vozza L., *Nella mente degli altri*, Zanichelli, Bologna
Sale Musio C., *La personalità creativa*, Youcantprint
Salzberg S., *L'arte rivoluzionaria della gioia*, Astrolabio, Roma
Sand I., *Troppo sensibili*, Edizioni Centro Studi Erickson, Trento
Satir V., Making Contact, Mind Edizioni
Schellenbaum P., *La ferita dei non amati*, Red!, Milano
Schellenbaum P., *Il no in amore*, Red!, Milano
Schmückle M., Lindert J., Schmolz G., *Psychological Well-being of Highly-sensitive Persons in Transition to Parenthood*, Gesundheitswesen, 2015 Jul.
Sellin R., *Le persone sensibili hanno una marcia in più*, Feltrinelli, Milano
Sellin R., *Le persone sensibili sanno dire no*, Feltrinelli, Milano
Telfener U., *Ho sposato un narciso*, LIT Libri in Tasca Editore, Milano
Uri W., *Il no positivo*, TEA, Milano
Vygotskij L., *Il Processo cognitivo*, Bollati Boringhieri, Torino
Xu X., Brown L., Aron A., Cao G., Feng T., Acevedo B., Weng X., *Regional brain activity during early-stage intense romantic love predicted relationship outcomes after 40 months: an fMRI assessment*, "Neurosciences Letters", 2012 Sep.

whooo!

Indice

5 Creiamo un linguaggio comune
9 Per cominciare… ecco la mia storia

È ORA CHE TU LO SAPPIA:
NON SEI STRANO, SEI SPECIALE
16 Ri-conoscersi per conoscersi
33 Come pensa la tua mente altamente sensibile
48 Come sente il tuo corpo ipersensibile
66 L'empatia e i confini
88 Neuroscienze e nuove scoperte: a che punto siamo?

SENSIBILI IN UN MONDO INSENSIBILE
94 Le emozioni ipersensibili
108 Tempo libero
118 Le relazioni sensibili
132 Lavoro e sensibilità

COSTRUIRE IL BENESSERE ALTAMENTE SENSIBILE
144 Il circolo vizioso del malessere ipersensibile
151 Come costruire il tuo benessere altamente sensibile:
Modello di Sviluppo e Crescita per Altamente Sensibili©
165 Distinguere situazioni, pensieri, sensazioni ed emozioni
176 Disciplinare l'attenzione
189 Decompressione del corpo
200 Divertimento e creatività
207 Serve davvero una terapia per la sensibilità?
212 Il ruolo positivo delle PAS per la società
215 Gratitudine

217 Bibliografia

coca
cola

Nicoletta Travaini
Alta Sensibilità e Psicosomatica

Dottoressa NICOLETTA TRAVAINI
Psicologa Clinica
Psicoterapeuta
Specialista in Psicosomatica
Certified Hsp-Therapist, inserita nella lista internazionale di terapeuti formati nel lavoro con le persone altamente sensibili
Tutor di bambini ad alto potenziale cognitivo
Esperta in Ipnosi Clinica e Analisi Bioenergetica
Facilitatrice Mindfulness
Formatrice e Trainer
Autrice

Percorsi individuali e di gruppo per la gestione e la valorizzazione dell'alta sensibilità per bambini, adolescenti, adulti, genitori.
Corsi di formazione per educatori e professioni sanitarie.

Scopri cosa posso fare per te o per il tuo bambino.
Inquadra il QR CODE con lo smartphone

oppure contattami
Web: www.ipersensibili.com
Email: nicolettatravaini@gmail.com
Mobile: +39 340 2535977
Youtube: @nicolettatravaini8464
Instagram: @nicoletta_travaini
Facebook: Ipersensibili di Nicoletta Travaini

PALAZZO

B _ _ _ _ _

Noi siamo

NELLA/ERro

BICICLETTA C

AIEOU

IERI SIAMO ANDATI

AL ACQUA PARK AIEOU

AEIOU

ANIMALI